富裕層がおこなっている 資産防衛と事業承継

次世代に資産をつなげたい富裕層のための スイス・プライベートバンク

株式会社 T&T FPコンサルティング
高島 一夫
高島 宏修

みらいウェルス株式会社
立石 守
今吉 貴子

SOGO HOREI PUBLISHING CO., LTD

まえがき

「持続可能性」という言葉を日本でもよく耳にするようになりました。

2015年にSDGs（持続可能な開発目標）が国連で採択されました。これからの社会を考える上で、持続可能性が重要なキーワードになることは間違いありません。

持続可能性は地球環境や福祉などの文脈から語られることが多いですが、それだけにとどまるものではないと考えています。企業経営や、私たち個人の暮らしにおいても、「持続可能かどうか」という視点で考え直す時代に入っていると言えるでしょう。

このような状況下で新型コロナウイルスの影響により世界中が緊迫した状態を迎えました。ウイズコロナ、アフターコロナという言葉に表されるように、今後我々はこの状況とどのように付き合い、新たな世界観でもってどのように生きていくのかが問われる時代となりました。コロナ前の状態に戻ることはないだろうとよくいわれていますが、それは決して悲観的な意味だけではなく、世界がより進化していくことを意味しています。

今後我々はどのように考え、どのように行動していくべきかを真に問われることとなります。本書で語られる資産形成について、日本ではこれまで積極的に取り組んでいる人は限られており、どこか楽観的でいました。ですが、世界の進化が加速するなか、これらを先延ばしにしている時間はありません。コロナの影響により訪れるニューノーマルの時代にこそ、これまで求められていた資産形成を行う時ではないでしょうか。


私たちみらいウェルスが所属する、みらいコンサルティンググループは、1987年に創業し、当初は監査法人補完業務を主に行ってきましたが、その後、会計に加え、税務や労務、IPO（新規公開株）などにも事業領域を拡大し、経営全般を支えるコンサルティング会社として基盤を確立しました。

さらに、2007年4月から拠点を日本全国や海外に広げ、2019年4月からは組織を拡張し、さらに次のフェーズに入りました。

現在、私たちが目指しているのは、「全体最適」の視点で本質的にお客様の課題を解決することにあります。

みらいウェルスのお客様の多くは経営者の方です。企業には、創業期から成長期、成熟期に至るまで、多くの課題があります。会計や税務の問題、人事労務、人材採用、デジタルシフト、海外進出、事業承継――。こうした課題に対して、個別にアプローチするのではなく、「お客様がつくりたい未来」に向けて、総合的に支援できるよう体制を整えてきました。お客様とともに価値をつくる「コ・クリエーション（共創）カンパニー」としての歩みを始めたのです。

こうした背景を踏まえて、みらいウェルスは2020年からT&T FPコンサルティングと連携し、スイスのプライベートバンクを活用した資産保全・運用、事業承継の支援も始めることとなりました。

プライベートバンクは、顧客のニーズや抱える問題について、オーダーメイドで応えるサービスを提供しています。先行きの不透明な日本において、資産を守り、次世代に適切に継承するためには、まさにプライベートバンクのサービスが必要だと確信しています。

すでに、日本では急速な社会変化の歪みから、後継者不足をはじめとする事業承継の問題や、富裕層をターゲットとした税制改正など、とりわけ経営者や資産家の方への影響が出始めています。

こうした時代にあっては、個人や会社の資産を〝守る〟という意識が何よりも大切です。かつてのように、経済成長が続き、本業に力を入れていれば豊かになれた時代ではないため、各々が状況に応じた対策を講じる必要があります。

ここにソリューションを提供するのが、コ・クリエーションカンパニーである我々や、プライベートバンクの本来の役割と考えています。

本書では、日本人にとってあまりなじみのないプライベートバンクの実像や資産運用などのサービスをお伝えします。さらに、資産を海外に移転することに伴う税金への影響や今後問題化すると予想される相続や事業承継での注意点についても解説します。

本書を皆さまのよりよい未来に向けてお役立ていただけますと幸いです。

2020年9月吉日

みらいウェルス株式会社

代表取締役　立石　守

富裕層がおこなっている資産防衛・事業承継　目次

第1章

これからの100年を生きる富裕層が迎える「大増税時代」へのプロセス

第2章

富裕層の危機回避手段として海外投資に目を向けるべき理由

第3章

あまり知られていない スイス・プライベートバンクの実像

第4章

スイス・プライベートバンクではどのように顧客の資産運用をするのか

第5章

スイス・プライベートバンクに資産を預ける手順と運用までのプロセス

第6章

プライベートバンクを用いた効果的な相続・事業承継

カバーデザイン　小松学（ＺＵＧＡ）／本文デザイン　飯富杏奈（Dogs Inc.）
ＤＴＰ　横内俊彦／校正　黒田奈緒美／取材・構成　小林　義崇

第1章

これからの100年を生きる富裕層が迎える「大増税時代」へのプロセス

日本の〝借金〟は壊滅的な規模

バブル崩壊から続く不景気とともにあった平成が終わり、お祝いムードの中で令和が始まりました。しかし、コロナウイルスというブラックスワンによって、令和という時代は一変しました。日本経済や社会にさらなる問題を生み出し、将来の不安は高まり続けています。

日本が抱える諸問題の根本原因は、「莫大な国の借金」と「世界に類を見ない高齢化」にあります。このことは、2015年にT&T FPコンサルティングが上梓した『なぜ、富裕層はスイスにお金を預けるのか？』でも触れました。

これら二つの問題について、残念ながら解決への道筋は見えず、むしろコロナ禍で悪化しているのが現状です。その行き着くところは富裕層をターゲットとした「大増税時代」に他ならず、すでにマイナンバー制度が始まるなど、増税に向けた動きが出てきています。

後ほど、マイナンバー制度などについて説明しますが、その前に現状認識として、「日本が抱える借金」について、あらためて確認しておきたいと思います。

図1　令和2年度国債発行額

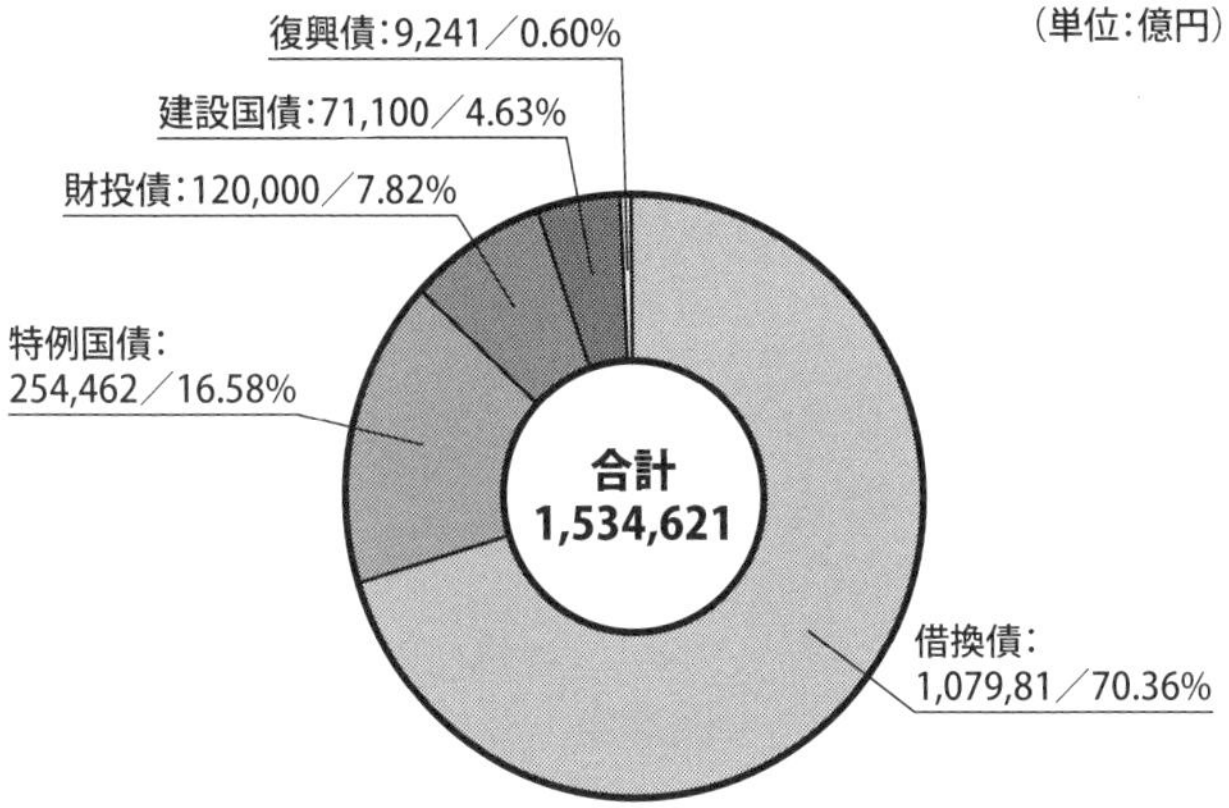

日本銀行（以下「日銀」）の統計によると、政府が2019年3月末に保有する金融負債は1316兆円に上り、対GDP比で239%まで達しています。これは国民1人当たりに換算すると、1000万円に上る値です。

令和2（2020）年度予算における国債の発行額は、「借換債」という、いわゆる隠れ借金まで含めると約153兆円あり、毎年のように140~170兆円程度の借金が蓄積されています。このような状況にあっては、多少GDPが成長したとしても、焼け石に水といえるでしょう。

さらに不幸なことに新型コロナウイルス対

策に伴い、歳出が膨張しています。第1次、第2次補正予算で2020年度の一般会計歳出は当初計上していた予算と合わせて、160・3兆円に拡大しました。これは過去最大といわれた2019年の104・7兆円の1・5倍になります。補正の財源は全て国債発行で賄《まかな》い、今年度の国債発行額は90・2兆円となります。一方、コロナウイルスによる営業自粛などにより、企業業績悪化などで税収の減少は避けられません。緊急性が高いのでやむを得ないのは理解できますが、アフターコロナ時代を見据えた中長期的な視点から見れば、このさらに悪化した財政を立て直すためにどのような政策が実行され、どのような税制が検討されるかは冷静に見ていく必要があります。

世界の先進国のなかで、これだけの借金を抱える国は他にありません。例えばユーロ圏では、財政破綻をしたギリシャに次いで多い債務を、イタリアは抱えているのですが、それでも138・4%です。また、EUに加盟するには、「債務残高が対GDP比で60%を超えないこと」という条件がありますが、**この条件に照らしても200%を超えている日本の債務残高は異常に高いことが分かります。**

国債金利1％の上昇が致命的

日本の借金の問題は、「アベノミクス」が絡んでさらに複雑化しています。
日銀の黒田東彦《はるひこ》総裁は、アベノミクスの下で２０１３年に〝異次元金融緩和〟を開始し、巨額の国債買い入れを続けてきました。２０１９年３月末時点で国債の46・３％を日銀が保有している状況ですが、これは他国では類を見ない事態です。通常、国債を発行するときには貸し手となる金融機関や投資家を募る必要がありますが、日銀に国債を買わせることで政府は大規模な借金を重ねられる構造となっています。この流れはコロナ禍でより加速し、２０２０年４月27日に「新型感染症対策の影響を踏まえた金融緩和」ということで追加の緩和が行われました。これまでは日銀の国債買い入れは年間80兆円が事実上の上限とされていましたが、今後は無制限に買い入れることが決定されました。コロナウイルスが終息したとしても、**現状の仕組みが大きく変わらない限り、今後も日本の債務残高は増え続けていくことでしょう。**

それにもかかわらず、多くの日本人は危機感を持っていないようです。これは、「国債の金利が上がっていない」ということも影響しているのでしょう。確かに、国債の金利が低ければ、日本政府の金利負担は少なくなります。

しかし、本来、「政府の債務残高が増えれば、国債金利は上昇する」というのが経済学の常識です。財政赤字が拡大し債務残高が積み重なれば、デフォルト（破綻）への懸念から市場の信任が失われる。そのままの金利では国債を買ってもらうことができないため、金利を上げざるを得ない。こうした事態になってもおかしくはないはずですが、事実として日本の国債金利は1％を下回っています。これはなぜなのでしょうか。

答えは、**日本の場合、国債の多くが「国内の金融機関」によって保有されている点にあります。**日本の国債を保有する海外投資家の割合は全体の8％ほどですから、「金利を上げよ」という強い圧力にならないため、金利を上げずに済んでいるのです。この点は、国債の外国人保有率が70％にのぼり、国債金利が上昇を続けた末に財政破綻を起こしてしまったギリシャとは違う点です。

ただし、この状況も、いつまで続くかは分かりません。

「日本はまだまだ大丈夫」と考えている日本人は多いかもしれませんが、海外からの評価は辛辣です。**日本国債は海外の格付け機関による評価を落とし続けています。**ムーディーズによる2019年11月の格付けでは、日本は「A1」であり、同じランクに位置づけられているのは中国とチリです。1990年代には最高の評価である「Aaa」を付けていたにもかかわらず、そこから9回にわたる見直しにより、今や新興国と同程度の格付けとなっています。

また、**日銀の統計によると、2018年末における日本の短期国債の海外保有比率が初めて7割を超えました。**日本国内の金融機関は、日銀によるマイナス金利政策を受けて、国債への投資を敬遠するなか、為替差益を狙った海外からの投資が増えているためと考えられます。

このような動きが加速すれば、日本国債は海外への依存度を増し、海外投資家によって金利上昇の圧力がかかる事態も考えられます。しかし、国債の金利を上げるということは、日本政府の返済が増すことを意味し、財政破綻にもつながりかねません。2016年度以降の国債残高に当てはめた場合、金利が1%上昇しただけで、1年目に国債費（債務償還費、利子など）が1兆円、2年目には2・4兆円増えていくことになります。

ただでさえ財政赤字を克服できない日本で、これだけの国債費が増えると、国民生活に影響が出ることは必至です。

こうした事態に加え、日本はもう一つ大きな問題を抱えています。それが、「高齢化」です。

日本の高齢化は他国と比べ圧倒的に速い

内閣府の発表によると、2018年10月1日現在における総人口に占める65歳以上人口の割合は28・1%。つまり日本は「4人に1人が65歳以上」という超高齢社会に突入しています。高齢化の勢いはとどまることなく、今後50年以内に「3人に1人が65歳以上」「4人に1人が75歳以上」になるとの予測も出ています。

こうした事態を受け、**現在の社会保障制度を維持するのは、すでに限界が来ているといった指摘もなされています**。働き手が減り、給付を受ける高齢者が増えるわけですから、当然のことです。

もちろん、社会保障制度はその時々の状況に合わせて見直されていくものですから、それなりの改正は行われるでしょう。事実、厚生年金の受給開始年齢は制度が始まった昭和

17年には55歳だったものが、現在は65歳まで伸びています。安倍晋三首相は、2018年の自民党総裁選の討論会で、年金の受給開始年齢について70歳を超える選択もできる制度改正を検討し、「3年で断行したい」と述べており、社会保障費の抑制に進むことは明らかです。

しかし、このような対応も十分であるとは言えません。なぜなら**日本が迎えている少子高齢化の変化は、史上どの国も経験しない速度で進行しており、制度改正では現実に追いつけないからです。**

ここで、日本の高齢化がどれくらい早いのかを、他国と比べてみたいと思います。高齢化率（65歳以上人口割合）が7％から21％に上昇するまでの年数で比較します。

日本の場合、高齢化率が7％を超えたのは1970年のことです。その後、21％に達したのは2007年。つまり、**日本の高齢化率は37年かけて7％から21％に上昇しています。**

次に、他国において高齢化率が7％から21％になるまでにかかった、もしくは人口動態統計上かかると見込まれる年数は次のとおりです。

図2　主要国における高齢化率が7%から14%へ要した期間

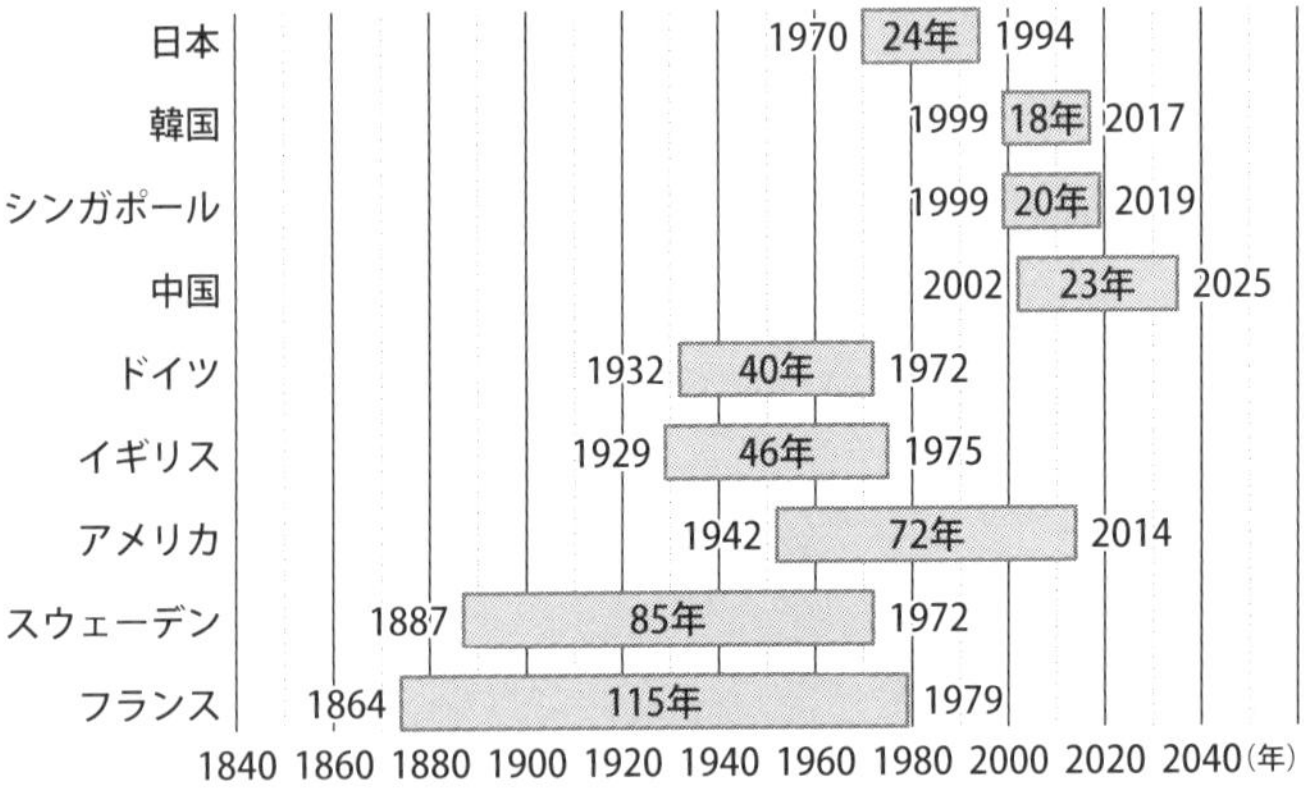

（参考）国立社会保障・人口問題研究所「人口統計資料集」（2016年）

・フランス：161年（1865年～2026年）
・スウェーデン：136年（1890年～2026年）
・ドイツ：82年（1932年～2014年）
・韓国：28年（1999年～2027年）
・中国：33年（2002年～2035年）

このとおり、欧州諸国においては、高齢化はゆっくりと進んでいます。国民の意識改革や社会保障制度の改革にも時間をかけることができているようです。

例えば、ドイツでは2013年以降、社会保障制度改革が進められ、介護保険や年金制度の見直しなど、安定的かつ持続可能な社会保障制度に向けた運用が行われています。

一方、アジアに目を向けると、韓国や中国も日本に劣らないスピードで高齢化が進展していることがわかります。しかし、いずれの国も、高齢化率21％を迎えるのはまだ先。日本の高齢化率がすでに30％に迫ろうとしていることを踏まえると、やはり日本が世界で最初に、しかも急速に超高齢社会を迎えていることは間違いありません。

経済成長が困難となる人口オーナス期

高齢化が経済成長にとってマイナスになる理由は、「成長会計」から説明することができます。成長会計とは、GDP成長率を、その内訳に注目して成長の要因を明らかにしようとするもので、次の3つの要素が経済成長に影響するといわれています。

①労働投入
②資本投入
③生産性

人口が減少する影響として、最初に思い浮かぶのが、「労働力の低下」ではないでしょうか。高度成長期の日本は人口増加によって労働力人口（15歳以上の人口のうち、「就業者」と「完全失業者」を合わせたもの）が増加する「人口ボーナス期」にありました。

人口ボーナス期では多くの人々が働き、収入を得ているわけですから、年金などの社会保障費の負担は少なくて済みます。その分、国家予算を経済政策に重点的に充てることができるため、ますます経済成長が加速します。

一方、現在の日本は人口減少が続く「人口オーナス期」に突入しています。**人口減少と高齢化が同時に進む日本では、「支えられる人」の数が「支える人」の数を上回るため、どうしても社会保障費は重くなってしまいます。**これは、現状の日本の財政状態を見れば明らかでしょう。

次に、「資本投入」の側面から考えてみます。

人口が減少すれば、住宅へのニーズや、企業による資本設備への投資も比例して減ります。したがって、市場に投入される資本は減少し、やはり経済成長にはマイナスに働きます。貯蓄する若者は減り、高齢者は貯蓄を取り崩すため、日本社会で使える資金は減ることになるでしょう。

最後の要素が、「生産性」です。

昨今は、デジタル化や働き方改革などの整備が進められ、生産性の向上が図られていますが、実は生産性を高める一つの要素に「人口」があるといわれています。なぜなら生産性向上には、既存のやり方を打破するイノベーションが必要であり、新しいアイディアを持つ若い世代が増加し、経験豊かな世代と融合することによってイノベーションが促進されることが期待できるからです。**人口が少なくなれば、多様性が失われ、イノベーションにつながる種が少なくなってしまうかもしれません。**これは、生産性の向上が停滞することにつながります。

このように、成長会計の3つの要素それぞれにおいて、鍵となっているのは「人口」なのです。経済成長のためには人口増加が望ましく、少子高齢化時代を迎えた日本が不利であることは否めません。

では、なぜ少子高齢化がこれだけの経済停滞を招くことが明らかであったにもかかわらず、これまで問題視されてこなかったのでしょうか。その理由は、高齢化が進行している一方で、「総人口」は増加し続けていたことがあったと考えられます。日本の総人口は、2010年までは、短期的には減少があったとしても、基本的に右肩上がりに増加を続けてきました。

ただ、人口増加が続いていた時代においても、やがて来る少子高齢化の未来は見えていたはずです。というのも、高齢化の兆候はずっと早い段階で表れていたからです。年少人口（0～14歳）のピークは、現在から60年以上も前の1955年です。そして1995年には生産年齢人口（15～64歳）のピークを迎えていました。

医療制度や福祉制度の進歩により長寿化が進み、それに伴う食糧生産の限界や教育コストの増加などの理由によって、生まれてくる子供の数は減少し、今のような少子高齢化が目に見えるようになったというわけです。

こうして考えると、**もっと早い段階から人口減少を見越した対策ができていれば、という考えがよぎりますが、過去を悔やんでも仕方ありません。**

今、日本が直面しているのは、世界的に見ても例を見ない超高齢社会です。こうした現実を認識した上で、過去のパターンにとらわれず、新しい発想で立ち向かっていく必要があるのです。

円安が引き金となる資産価値の下落

コロナショックにより乱高下を繰り返している株価ですが、日本の株価は官製相場と呼ばれています。なぜなら、これは日銀が日本の株式に莫大な投資を行った結果だからです。

日銀は、「株価安定」という名目のもと、日本株式のETF（上場投資信託）の買い入れを続けており、2020年3月まで時価31兆1738億円ものEFTを日銀が保有する事態になっています。日本経済新聞（2019年4月17日付け）によると、日銀は今や上場企業23社の筆頭株主であり、しかも全上場企業の5割で上位10位以内の大株主なのです。日本の上場企業の多くが、ある意味で国営企業になりつつあるという、かつてない状況が生まれています。さらに、コロナ禍での株価安定のために、2020年3月16日に行われた金融緩和では年間6兆円としていたETFの買い入れ額を倍の12兆円まで引き上げました。

図3　日銀が株主の企業ランキング

順位	銘柄名	2020年度3月末時点 間接保有割合(%)	2020年度3月末時点 間接保有額(億円)	2021年度3月末時点 間接保有割合(%)	2021年度3月末時点 間接保有額(億円)
1	アドバンテスト	23.41	2028	25.49	2208
2	ファーストリテイリング	19.56	9167	20.88	9786
3	TDK	18.96	2059	20.81	2259
4	太陽誘電	18.55	691	20.30	756
5	東邦亜鉛	17.87	29	19.58	32
6	コムシスHD	17.42	683	19.11	750
7	日産化学	17.29	994	19.04	1095
8	トレンドマイクロ	17.12	1285	18.73	1406
9	ファミリーマート	16.93	1663	18.18	1786
10	日東電工	16.90	1294	18.77	1438

これらの施策もデフレ脱却から景気回復につなげ、財政赤字を解消するという目的のもと行われてきました。日銀が市場に資金を投入し、インフレを起こそうとしているわけですが、これが国民生活に与える影響を考えると、疑問を抱かざるを得ません。前著（『なぜ、富裕層はスイスにお金を預けるのか？』）でアベノミクスのことを「危険な賭け」と記しましたが、その危険性はより高まっているように感じられてならないのです。

アベノミクスが目標通りにインフレを起こしたとして、その先に待っているのは、「国民の資産の目減り」です。これまでに蓄えた預金などの資産価値は下がり、物価は上がるため、国民生活はむしろ苦しくなってしまうでしょう。

もちろん、インフレによって賃金や預金金利が上昇する可能性はありますが、時間がかかります。例えば2％のインフレが起きたとして、それ以上に賃金が増えたり、預金金利が上がったりするとは限りません。メリットを感じられるのは借金を抱える人などごく一部の人にとどまるでしょう。

そして、大多数の日本人がインフレで被害を受けます。とりわけ、**すでに日本で大きな資産を蓄えている富裕層にとっては死活問題となりかねません。**

個人富裕層を狙う大増税時代の到来

増税に関して言えば、もっとも私たちに身近なのは2019年10月に消費税が10％に上がったことでしょう。しかし、その他にもさまざまな増税が着々と進行していました。その一例が、**「給与所得控除」の改正**です。

給与所得控除は、給与収入に応じて差し引ける金額であり、いわば「みなし経費」のようなものです。給与所得控除が多ければ多いほど、所得税や住民税は少なくなります。
この給与所得控除の額について、特に高収入のゾーンについては引き下げが続いています。**これは紛れもなく増税です。**

そのことを分かりやすく示しているのが、給与所得控除の「上限額」の推移です。給与所得控除は給与収入に応じて増えるものですが、給与収入が一定額に達すると、控除額がそれ以上増えなくなってしまいます。

それでは、この給与所得控除の上限額の推移を見てみましょう。

- **平成25年分~平成27年分：給与収入1500万円超　上限額245万円**
- **平成28年分：給与収入1200万円超　上限額230万円**
- **平成29年分~令和元年分：給与収入1000万円超　上限額220万円**
- **令和2年分以降：給与収入850万円超　上限額195万円**

ここ7年の間に、給与所得控除の上限額は下がり、この上限額が適用される給与収入の条件も下がっていることがお分かりいただけるでしょうか。

給与所得控除の他にも、配偶者控除や配偶者特別控除の改正や、公的年金など控除の引き下げなど、個人のフローに対する増税が続いています。そのフローが多い高所得層には大きなインパクトがあります。コロナ禍で政府の財政が著しく悪化しており、アフターコロナ時代を考えるとさらなる所得税増税や富裕税創設なども現実味を帯びるのではないかと思います。

相続税の基礎控除額を大幅に引き下げ

富裕層をターゲットとする増税は、個人のフローに関する所得税・住民税だけではなく、個人のストックにも増税がされています。平成25年度の税制改正では、40年ぶりに相続税のルールが大きく変わりました。

それまで、相続税においては5000万円+（1000万円×法定相続人の数）を基礎控除として、課税価格（遺産総額から債務・葬儀費用を差し引いた金額）から差し引いて税額を算定していました。

課税価格が基礎控除額以内に収まれば相続税の申告・納税は必要ないのですが、この基

図4　相続税の速算表（H27年1月1日以後の場合）

法定相続分に応ずる取得金額	税率	控除額
1000万円以下	10%	—
3000万円以下	15%	50万円
5000万円以下	20%	200万円
1億円以下	30%	700万円
2億円以下	40%	1700万円
3億円以下	45%	2700万円
6億円以下	50%	4200万円
6億円超	55%	7200万円

礎控除額が引き下げられてしまったのです。

この改正により、2015年1月1日以後に相続が発生した場合の基礎控除額は、3000万円＋（600万円×法定相続人の数）により計算するものとなりました。

例えば、法定相続人が妻と子2人という場合、基礎控除額は、3000万円＋（600万円×3）で、4800万円です。税制改正の前であれば基礎控除額は、5000万円＋（1000万円×3）で、8000万円だったわけですから、大きく違います。

また、**相続税の最高税率についても改正前は50％でしたが、改正により55％となっています。**

近年の税制改正の動向を見ていると、「富裕層をターゲットとした増税」であるとともに、「ターゲットになる範囲が広がっている」ということも言えます。

以前であれば、給与所得控除が上限に達するのは給与収入1500万円超の人に限定されていたにもかかわらず、今は850万円が基準になっています。相続税も、遺産価格が5000万円程度であればまったく考える必要がなかったのですが、今は違います。

それまではタックスプランニングをそこまで考えていなかった人も、考えをあらためる必要があるかもしれません。

税務当局の伝家の宝刀

このように富裕層に対する増税が実施されれば、節税したいという意識はますます高まるでしょう。何も対策を講じずにいれば、資産が目減りしてしまうため、当然のことです。

しかも、**日本においては税制改正の問題に加え、税務当局により、申告内容が否認される恐れがあります。これも日本に住むリスクです。**

その一例が、相続税や贈与税を算定する際、不動産や株式などの評価に用いられる「財産評価基本通達」の運用です。

相続税法第22条において、相続、遺贈または贈与によって取得する財産の価額は、「その財産の取得の時における時価」によるものと定められています。

しかし、時価の具体的な計算方法などは法律で規定されていないため、国税庁は財産評価基本通達により土地や建物、株式などの評価方法を細かく示しています。

ところが、財産評価基本通達に沿って相続税の申告をしたにもかかわらず、国税局から否認され、数億円単位の追加納税を求められるケースが出ているのです。こうしたケースでは、国税局により独自に鑑定評価が行われ、その金額に基づき、相続税などの再計算が行われています。

実は、財産評価基本通達には、「この通達の定めによって評価することが著しく不適当と認められる財産の価額は、国税庁長官の指示を受けて評価する」との文言があります。税務当局はこのルールと、相続税法第22条の規定により、独自に「時価」を算出し、これに沿って相続税の処分を行っているということです。

なぜ富裕層が狙われるのか

富裕層をターゲットにしたと考えられる増税は、日本が最終手段を取らざるを得ない局面に入っていることをうかがわせます。

グローバル化が進む今、富裕層に高い税金を課せば、海外に流出することが容易に予想できます。実際、若い人でも数億の資産を持って海外移住をしている人が増えているようです。一定の条件はありますが、海外に住所を移してしまえば、彼らは日本に納税をせずともよくなります。

今や、高所得者だけでなく、低所得者も含めて増税をしなくてはならない状況です。消費税は10％に上がりましたが、ＯＥＣＤ（経済協力開発機構）やＩＭＦは、10％程度では足りないという見解を示しています。

しかし、高所得者と低所得者をまとめて一気に増税すると、低所得者からの反発が高まることは必至です。政府への不満の高まりにつながることは明らかですから、政府としてはこうした事態は避けたいことでしょう。また、生活保護受給者が増えるなどし、社会保障費が膨れ上がることも懸念されます。

現に**コロナ禍で生活保護の申請数もかなり増加し、さらに個人事業主や中小企業にも大きな減収・減益、最悪のケースでは倒産に陥っており、社会保険料を納める側が減少することも懸念材料です。**ここで多くの人に等しく負担を求めるような増税は好ましくありません。

そこで、人数で比べれば少ない富裕層をターゲットとした増税をまず実施し、大勢を占める低所得者の不満を逸《そ》らせようと考えるかもしれません。当然ながら政府の意図は公にはされていません。

海外資産への税務当局の監視強化

富裕層をターゲットとする増税とともに、税務当局による監視も強まっています。

富裕層の持つ海外資産への監視強化は世界的な潮流でもあり、日本も追随する形となっています。

事実、この数年の間に、**「国外財産調書制度」と「出国税」「CRS（Common Reporting Standard：共通報告基準）」という3つの制度が日本でスタートしました。**

これらのうち最初に始まったのが、2014年1月から施行されている「国外財産調書制度」です。**内容を一言にまとめると、「海外に5000万円を超える資産を持つ者は、その資産の内訳を税務署に調書として提出せよ」ということです。**

具体的には、日本の居住者で毎年度末に時価総額5000万円超の国外財産を保有する場合、それらの種類、数量、所在地、価額などの情報をまとめて、翌年3月15日（休日の場合は翌日）までに国外財産調書として提出する必要があります。

もともと、1998年から導入された「国外送金等調書」や、租税条約に基づく国外の税務当局との情報交換などにより、多額の送金が行われた場合には税務署が情報を把握できる体制は整備されていました。

そのため、多額の送金が行われた場合は税務署から「お尋ね」という文書が届き、申告を促されることもあったのですが、国外財産調書がスタートしたことによって、「お金の動き」がなくとも、税務署などから指摘を受ける可能性が出てきました。

さらに、国外財産調書を出さなかった場合にペナルティーが設けられている点にも注意が必要です。国外財産調書を提出期限までに提出していない、あるいは記載漏れがあると、

図5　富裕層の海外保有資産に対する課税強化の推移

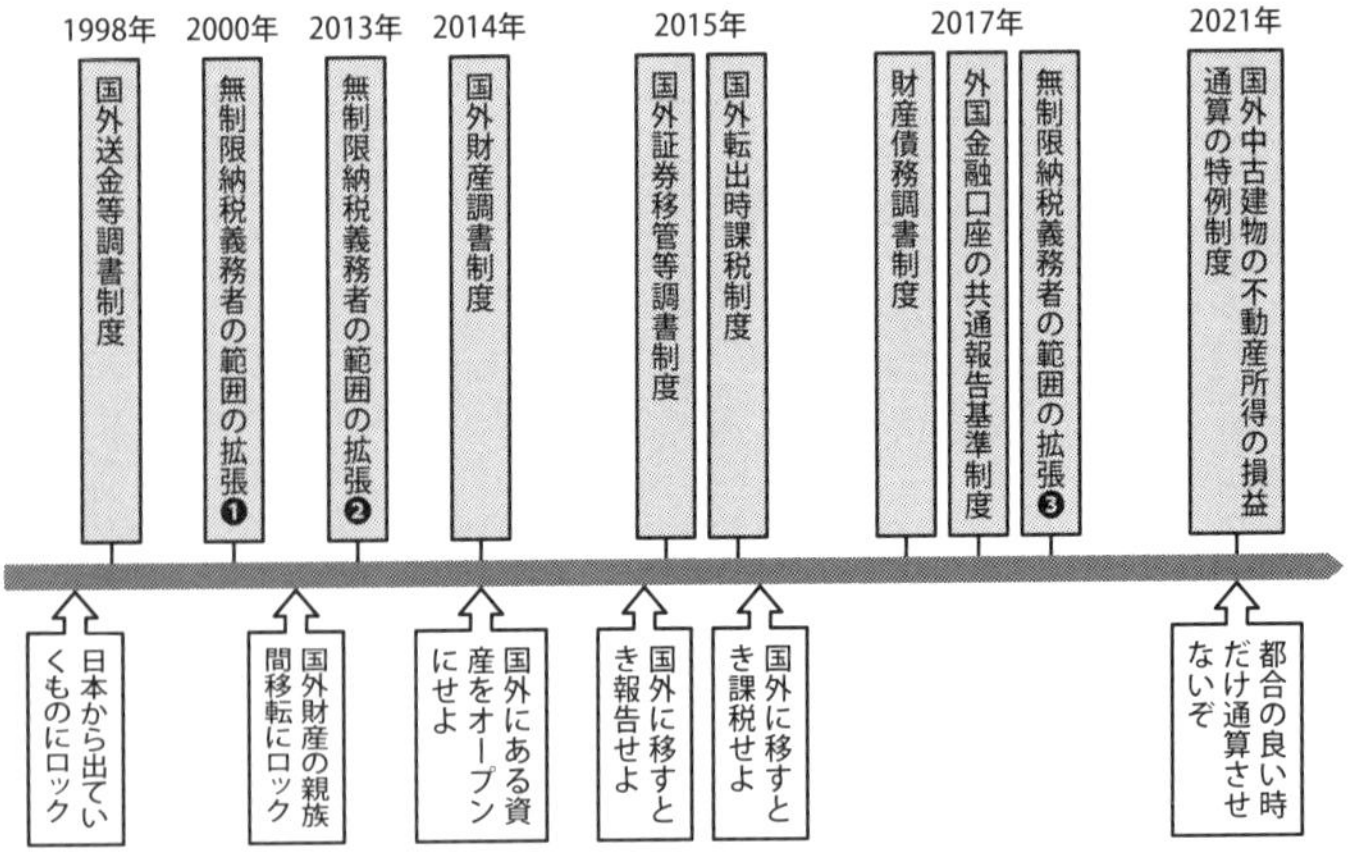

適切に記載されていなかった国外財産の申告漏れに対して過少申告加算税などが5％加重されます。

加えて、国外財産調書に偽りの記載をして提出した場合や、正当な理由がなく提出期限内に提出しなかった場合、1年以下の懲役または50万円以下の罰金に処される可能性もあります。

税務当局は、国外財産調書の提出漏れに対する取り締まりを強化しており、2019年7月には、大阪国税局が、国外財産調書を提出しない京都市の男性を京都地検に告発しました。この男性は、所得税約8300万円を脱税した所得税法違反でも告発されており、京都地裁はこの男性に対して懲役刑と罰金の有罪判決を言い渡しています。

国外財産調書を提出せずとも、税務当局に発覚しなければペナルティーは科されません。しかし、後ほど説明するCRSによって、提出漏れが捕捉されやすくなっていますので、忘れずに提出しておいたほうがいいでしょう。

海外不動産による節税スキームは封印

これまでは有効だった節税方法も、次々と封じられています。

令和2（2020）年度の税制改正では、「国外中古建物による不動産所得を有する個人」に影響のある改正内容が取り入れられました。

この改正により、2021年以降の各年において、国外にある不動産から生じる所得の損失の金額がある場合には、その損失の金額のうち、簡便法により計算した減価償却費に相当する部分の金額は生じなかったものとみなされることになります。

現行の制度では、国外中古建物の不動産所得の損失の金額は、給与所得などと損益通算できるため、節税スキームとして利用されてきたのですが、これが完全に封じられるということです。

したがって、**これから個人が海外不動産に投資をするのであれば、節税メリットを目的とするのではなく、純粋に資産運用としての観点から考える必要があります。**

日本を離れただけで課税される

平成27（2015）年度の税制改正で導入された「国外転出時課税制度」（出国税）も、海外への移住を考える人にとっては理解しておきたい制度です。

これは、**「日本居住者で1億円以上の対象資産（有価証券等）を保有する人」を対象として、出国時に対象資産の含み益に対して課税するという制度です。**

また、1億円以上の対象資産を所有している国内居住者から、国外に居住する親族に、相続や贈与、遺贈により対象資産の移転があった場合にも、含み益に対する課税が行われます。原則として、国外転出時の価額で対象資産を売却したと「みなして」、所得税を算定し、出国した翌年の3月15日（休日の場合は翌日）までに所得税の申告・納税の義務を負うことになります。

図6　資産を海外へ移す際の制限

年	月	制度	内容
1998	4	国外送金等調書	●国内から国外、国外から国内への資金移動情報を金融機関が税務署へ報告する制度 ●1回あたり100万円(2009年3月までは200万円)超が対象
2000		相続税・贈与税の無制限納税義務者の範囲の見直し❶	(改正前)相続等時に日本に住所を有している者 (改正後)被相続人・贈与者及び相続人・受贈者が相続等時前5年以内に日本に住所を有していた事がある者
2013	4	贈与税の無制限納税義務者の範囲の見直し❷	●日本国籍を有しない個人(当該贈与をした者が当該贈与の時においてこの法律の施行地に住所を有していた場合に限る。)(相法1の4ニロ)を追加
2014	1	国外財産調書	●日本居住者(非永住者を除く)でその年の12/31において時価総額5,000万円超の国外財産を有する個人が、その財産の内容を記載した調書を税務署へ提出する制度 ●財産総額は債務を差し引いた正味財産金額ではない
2015	1	国外証券移管等調書	●国内から国外、国外から国内への有価証券移動情報を証券会社が税務署へ報告する制度
2015	7	国外転出時課税	●対象者 ❶国外転出時に所有している有価証券等の対象資産が1億円以上 ❷国外転出日前10年以内に国内在住期間が5年超 ●対象者が国外へ転出する場合、その国外転出時に対象資産を譲渡等したものとみなして所得税を課税する制度
		贈与等時課税制度	●対象者 ❶贈与・相続開始時に所有している有価証券等の対象資産が1億円超 ❷贈与・相続開始時前10年以内に国内在住期間が5年超 ●対象者が非居住者に対して対象資産を贈与・相続等した場合に、その贈与・相続等の時に対象資産の含み損益を計算して所得税を課税する制度
2017	1	財産債務調書	●所得2,000万円超、かつ、その年の12/31において保有する財産(国内・国外全て)の合計が3億円以上である個人が、その財産の内容を記載した調書を税務署へ提出する制度
		外国金融口座の共通報告基準(CRS)	●租税条約を締結した相手国等のうち報告対象国の税務当局が、自国の金融機関から非居住者(個人・法人)に係る金融口座情報の報告を受け、非居住者の各居住地国の税務当局に対して年一回まとめて互いに情報を提供する制度 ●初回報告は2018年9月
		相続税・贈与税の無制限納税義務者の範囲の拡張❸	(改正前)被相続人・贈与者及び相続人・受贈者が相続等時前5年以内に日本に住所を有していた事がある者 (改正後)5年以内→10年以内
2021	1	国外中古建物の不動産所得に係る損益通算の特例	●国外中古建物から生ずる不動産所得に損失がある場合、その損失の金額のうち国外中古建物の償却費に相当する部分の金額は無かったものとみなされる。

出国税は、平成27年7月1日以後に国外転出し、国内に住所や居所を持たなくなった場合に適用され、具体的には次のいずれにも該当する場合に対象となります。

①所有している対象資産の価額が1億円以上であること。

②原則として国外転出をする日より前の10年以内において、国内に5年を超えて住所または居所を有していること。

出国税が従来の税制と異なる点は、売却などして利益が確定する前の段階で所得税などを課す、ということにあります。国外に財産が流れ、税を取り逃すことのないように、このような制度が設けられたのでしょう。

出国税が創設された背景には、キャピタルゲインに対する課税が非課税となっている一部の国や地域に出国し、そこで株式などを売却することで課税を逃れるケースが多く見られたためとされています。

日本で富裕層をターゲットとした増税などにより、国外に移住する富裕層が増えることが予想されます。日本政府は、そうした動きを見越して税を取ろうとしているのです。

CRS導入で海外資産の課税不可避に

ここまでに説明した国外財産調書と出国税は、いずれも自ら提出あるいは申告をすべきものです。これらの手続きを怠った場合、税務調査が行われるなどのリスクがあります。それでは、なぜ税務当局は国外財産調書や出国税の漏れを把握することができるのでしょうか。

ひとつは、金融機関から税務署に提出される「法定調書」を通じてです。株式や先物、金地金（インゴット）などの取引があった場合、金融機関は法定調書に情報を記載し、税務署に提出することとなっています。

さらに、近年新たに導入されたCRS（共通報告基準）により、税務当局は従来よりもさらに国外移住者や国外財産に関する情報を集めやすくなっています。

CRSとは、OECDが2014年に策定した制度です。外国の金融機関に保有する口座を利用した、国際的な租税回避を防止するために、金融口座情報について国をまたいで自動交換することが目的とされています。

現在、日本を含む100以上の国や地域がCRSに参加し、自国の税務当局に集めた情報を各国で交換しています。日本では2018年9月に初めてCRSに基づき情報交換が行われ、このとき、64カ国の国や地域から、次に該当する約55万件もの口座情報が提供されたとのことです。

①2016年12月末の口座残高が100万ドル超の個人口座
②2017年1月1日以降に新規開設した個人・法人口座の同年分の収入と残高情報

2019年9月末には2回目の情報交換が実施されています。こちらについては、詳細が現時点で公表されていませんが、第1回目には対象外だった、口座残高100万ドル以下の個人口座や法人口座も提供されたといわれています。

2回の情報交換により日本の税務当局が収集した情報は、分析され、その後の税務調査などに活用されることでしょう。例えば、前述した国外財産調書の提出件数が約1万件であるのに対し、CRSから提供されている口座情報は約55万件ですから、相当数の国外財産調書の提出漏れが見込まれます。税務当局はこれから本格的に、国外財産調書の提出のない者に対する税務調査に着手すると考えられます。

パナマ文書でわかった情報流出リスク

国外財産調書や出国税、CRSの導入により、海外財産は税務当局に把握されやすくなっています。ただ、税務当局には守秘義務があるため、基本的には外部に漏れることはありません。

しかし、思わぬところから海外資産の情報が流れる恐れもあります。このことを世間に知らしめたのが、2016年にニュースをにぎわせた「パナマ文書」です。

パナマ文書とは、中米パナマの法律事務所「モサック・フォンセカ」から流出した機密資料のことを指します。この文書には後述するタックス・ヘイヴン（租税回避地）である英領バージン諸島やパナマなどを利用する世界の権力者や富裕層、さらには犯罪資金に関する情報が記されていました。

つまり、税金逃れのために資産を隠した可能性のある個人や企業が、公の知るところとなったのです。パナマ文書には数百にのぼる日本人や日本企業のファイルも含まれていることが判明し、大手企業の経営者や官僚などの情報も含まれていました。

もちろん、パナマ文書に載っていたからといって、そのまま違法性を問われるものではありません。たとえタックス・ヘイヴンを利用していたとしても、適切に税務申告を行っていれば問題ないのです。

しかし、パナマ文書に載っていた個人や企業の情報は、その後インターネットを通じて拡散されることになります。今でも検索をすれば、個人名や勤務先などの情報が簡単に調べられる状況です。

これらは紛れもなく個人情報ですが、インターネット社会において、一度流出した情報を消すことはほぼ不可能です。しかもパナマ文書に関する報道はセンセーショナルに行われましたから、まるで犯罪者であるような書き方も見られます。

このような情報流出が起きれば、単に税務調査を受ける問題にとどまらず、経営や家族関係などに悪影響を及ぼすこともあるでしょう。特に地方の経営者の場合、その地方の有名人ということも多く、「あの人、脱税しているらしい」といった風評による被害は甚大なものになる可能性があります。

パナマ文書の一連の騒動から学びがあるとすれば、「情報の預け先」にも注意すべき、ということではないでしょうか。

本書でお伝えする**プライベートバンクは、伝統的に顧客の秘密を守ることを徹底しています。**そのような信頼できるところを利用することが望ましいといえます。

日本の企業オーナーが抱える深刻な問題

本章では日本特有のリスクについて取り上げました。

日本人であれば誰しもがこれまでより大きなリスクを抱えることになりますが、とりわけ富裕層に当たる人にとってのリスクは顕著です。

日本の富裕層は、多くの場合、何らかのビジネスを持つ企業オーナーでしょう。そうした経営者の方々にとって、日本で財産を守り次世代に継承していくことは、ますます難しくなっています。

高いリスクを取るなら、高いリターンも狙える。

それが金融での常識です。リスクとリターンは本来、バランスよく配分するものであり、投資を行うときは「リスクに見合ったリターンを得られるのか」という観点が求められます。

その意味では、富裕層にとって日本は「ハイリスク・ローリターン」の国になっていると言わざるを得ません。

税金として取られるものが増える一方、リターンはどうでしょうか。どう考えても高いリターンがあるとは思えません。日本円の価値は下がり、円で持っている資産は円安とインフレによって二重に価値が暴落します。ましてや、東日本大震災のような大きな災害が起きてしまえば、日本に住む人々の資産は大暴落します。

2020年に入ってからは、コロナウイルスの騒動によって、スタグフレーションの様相を呈しており、円安と株安が同時に進行しています。この先には、さらなる増税、もしくは社会保障のカットも十分に考えられるでしょう。

日本に資産を置くのは、非常に高いリスクを伴います。

しかも、リスクを負って資産を置いても、高い利益を見込めません。**何もせずとも日本**

で資産を守れた時代は終わっています。今はまだ過去からの積み上げにより、大きな問題は起きていないように思われるかもしれませんが、これも時間の問題です。

だとしたら、どうすればよいでしょうか。あとは、**日本以外の場所に資産を避難させるしかありません。**

第2章

富裕層の危機回避手段として海外投資に目を向けるべき理由

財産を日本円だけで保有するのは危険

いわゆる金融ビッグバンから20年以上が経過した今、相当数の資産家が資産を海外に置くようになっています。いわゆる「キャピタル・フライト」です。このことは、パナマ文書や、ＣＲＳの件数からも裏付けられることです。

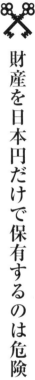

資金が海外に流れている理由は、第1章で説明した日本の税制などのリスクによる点も大きいと考えられますが、そもそも資産家にとって、「資産の分散」はリスクを抑える上では王道です。

投資の世界では「卵を一つのカゴに盛ってはいけない」という言葉もありますが、いつの時代であっても、同じ国や、同じ投資対象に資産を集中させるのはリスクが高いのです。

例えば、日本の預金だけで資産を保有していた場合、低金利によりリターンが得られないだけでなく、元本さえも失われてしまう危険性があります。なぜなら、銀行そのものが破綻してしまうかもしれないからです。事実、地方銀行から再編の波が立ち上っています。

日本では、金融機関に預けた預金などは、預金保険制度の対象になっています。いわゆる「ペイオフ」です。万が一、預金を預けた金融機関が破綻しても、預金保険機構により預金の保護を受けることができます。

しかし、ペイオフにより保護される預金の基準は「1金融機関1預金者あたり、元本1000万円までと、その利息など」と定められています。

この保護基準を超える金額を預金していた場合、破綻した金融機関の財産状況によっては払い戻しを受けられる可能性はありますが、最低限保証されるのは、1000万円と利息だけなのです。

しかも、**外貨預金など一定の預金はペイオフの対象外なので、銀行が破綻したときは払い戻されません。これは非常に大きなリスクです。**

日本の銀行の安全性は、日本政府の財政状況と密接に関連しています。金利が上がるなどすれば銀行が大量に購入している日本の国債の買収価格が下落し、急速な財政状況の悪化にともない、経営破綻を起こす可能性もゼロではありません。

さらに、日本政府の財政状況が極めて悪化した場合には、「預金封鎖」という最終手段に打って出られる可能性もあります。

事実として、日本でも過去に預金封鎖が実行に移されたことがあります。

1946年2月のことでした。戦後、食料や物資が非常に乏しい日本は、猛烈なインフレに悩まされており、国策として預金封鎖を行い、預金の引き出しが制限されることになったのです。

今や生活必需品となったクレジットカードも、決済口座を日本の金融機関にしていると、ある日突然使えなくなる可能性があります。特に地震などにより金融機関が麻痺し、日本円に対する信頼性がなくなれば、そのような事態も起こりえます。

こうして国民の預金を動かせないようにして、資産税をかけて財政補填を試みるかもしれません。

このような事態は、最悪のシナリオですから、もちろん起きない可能性もあるでしょう。

しかし、「何も起こりませんように」と願いながら日本の銀行にお金を預けておくよりも、**「何があってもいいように」と海外に資産の一部を移転したほうが、安心ではないでしょうか。**

資産は「ドル」を基軸にするのが安全

仮に最悪のシナリオを免れるとしても、日本円のみを保有しておくことはやはりオススメできません。

なぜなら、日本円そのものの信頼が今後も担保される保証はどこにもないからです。

海外での資産保全・資産運用が望ましいのは、「日本国内だけに資産を置いておくのは危険」ということに加えて、「日本円だけで資産を持つのは危険」という意味もあります。

もちろん、日本国内で生活している私たちは、日本円なしに暮らすことはできませんから、一定の日本円を持っておく必要はあるでしょう。しかし、それは最低限でいいのです。

ここで言いたいのは、**資産の全てを日本円だけで持つことのリスクなのです。**

世界の国々は、自国通貨の価値を高めようと必死になっています。自国通貨の価値が向上すれば、輸入産業が潤い、国民の生活も豊かになるからです。

しかし、円安になれば、自動車関連など、一部の輸出企業は恩恵を受けますが、そのことにより日本人が豊かになるわけではありません。輸出産業にしても、主要な企業はすでに生産拠点を海外に移しているわけですから、経済成長にとってはマイナスに働く可能性が高いのです。

円安になるということは、日本人がそれだけ貧乏になると考えられます。もう誰も言わなくなってしまいましたが、中国のＧＤＰは今や日本の2倍にまで成長しています。２０09年に中国に抜かれたときは大騒ぎしていましたが、気が付けばもう、日本のＧＤＰは中国の2分の1になっているのが現実です。

現在の為替相場では、１ドル１１０円ほどです。東日本大震災のあった２０１１年には1ドル75円程度でしたから、10年を待たず40％ほど円安が進んだことになります。ＧＤＰはドルベースで発表されるため、中国とこれだけ差を付けられたのも納得がいきます。

政府が円安を歓迎している限り、この動きにしばらく変化はないでしょう。**今や円は世界の負け組通貨になりつつあるのです。**

資産形成には「強い通貨」で運用する

実際にはありえないことですが、仮に運用成績が０％であったとしても、**日本円だけで資産を持っている場合と、各国の通貨に分散して持っている場合とでは、数年後の価値は大きく違っているはずです。**

ここで分散先の一番手に挙げられるのは、やはりドルです。

２００８年以降のリーマンショックから10年あまりが経ちましたが、世界の基軸通貨であることに変わりはありません。今後、ドルに対して円安が進むとすれば、まずは日本円をドルに変えておくだけで、為替差益を見込むこともできます。

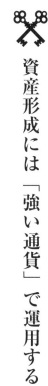

円安について、「これ以上進むことはない」と思う方もいらっしゃるかもしれませんが、イギリスのポンドも、かつては１ポンド１０００円というポンド高の時代があったのです。今は１ポンド１３５円前後ですから、大きくポンド安に進んでいます。したがってこれを超える大きな変化が日本円に起きても決しておかしくはありません。

また、ドルを持ち、ドルで投資を行えば手数料の節約にもつながります。いちいち日本円に替えていると為替手数料がかかりますので、ドルでリターンを得て、ドルで投資をするのを基本と考えておくとよいでしょう。

ドルの次に通貨を選ぶなら、ユーロです。2009年の欧州債務危機によって評価を下げ、ブレグジットなどによる不安を抱えてはいますが、ドイツ、スウェーデン、オランダ、フィンランドなどは安定しています。

この2通貨に加えて、安定性と信頼性抜群のスイス・フランへ分散しておくのが、理想的な通貨分散のスタイルになるでしょう。スイス・フランは、ドルが通貨を下げるときにも強いという特徴があり、金と同じように、経済危機に強いという特徴を持っています。

株式や債券に投資をするときも、投資する国や地域を分散することが大切です。

いくら新興国が好調といっても、その国の企業だけに投資をするのは非常にリスクが高いため、一部先進国の企業も組み入れるといった形が望ましいでしょう。例えば、一時期は著しい経済成長を続けていたマレーシアでも、今では破綻してしまっている企業が少なくありません。そうした企業に集中して投資をしていれば、一挙に資産は失われてしまいますから、その時々の経済情勢を踏まえながら、分散投資を考える必要があります。

どのように資産を分散させるかは、正解があるものではありません。なぜなら、その人によってリスク許容度が異なるからです。すでに大きな財産を持っているのであれば、リスクを取らずに、財産を減らさないような分散投資でもいいでしょうし、逆に積極的に増やしたければ、株式などボラティリティ（値動き）の大きなものに集中して投資をすることも考えられます。

さらに、リスク許容度は、その時々の状況や考え方によっても変わるため、そうした変化に柔軟に対応できる金融機関を選ぶことが大切です。スイスのプライベートバンクは、そういった意味ではまさにうってつけといえます。

プライベートバンクには世界一の「資産保全」のノウハウがあり、近年は「資産運用」の面でもトップクラスの評価を得ています。**最適な資産分配を施し、資産を「しっかりと守ってくれて」、かつ「大きく増やしてくれる」のです。**

銀行も国際分散するべき

海外への投資をしたことがない人は、このように思われるかもしれません。

「海外なんてよく分からない、だまされるのでは……」

こうした感覚は、本当に正しいのでしょうか。そして、日本の金融機関なら「安心」なのでしょうか。

我々はそうは思いません。我々の付き合っているスイスのプライベートバンカーがよくいうのが、「日本人はローカルバンク（国内銀行）にもうすでに口座を持っているじゃないか。それじゃあ、インターナショナルバンク（スイスのような国際金融センターにある銀行）にも口座を持つべきだ」ということです。国内の金融機関で享受できるメリットは享受し、国内の金融機関でできない部分をインターナショナルバンクに託すということです。国際分散投資という観点から言えば、日本より海外に目を向けるのも選択肢のひとつです。

インターナショナルバンクに託す理由は、まず国内銀行の「手数料の高さ」にあります。日本の金融機関は、「取引」に応じて手数料を取ることが一般的です。

日本の金融機関（主に銀行）では、1ドルを窓口で円に替えるときに、1円の手数料を取られます。1ドル110円程度と考えると、1%弱程度の手数料率になっています。最近はネット銀行などがより安価な手数料を打ち出していますが、それでも大半の銀行はこのような高い手数料を設定しているのです。

海外の金融機関の為替手数料は、一般的に1ドルで0・2〜0・3円程度です。

日本の金融機関と海外の金融機関が同じ利子だったり、同じ運用成績だったりしても、手数料でこれだけの差があれば、手元に残る金額もだいぶ違ってきます。

海外へ投資をすることについて、「コストがかかるのでは」という不安があるかもしれませんが、このように**日本と海外の金融機関の手数料を比較すると、決して日本の金融機関のコストが安いわけではないことがわかるでしょう。**後ほど、プライベートバンクを利用する際のコストを説明しますので、比較していただければと思います。

もちろん、海外へ投資した資金を頻繁に日本に送金したり、日本円に両替したりすると、手数料はかさみます。しかし、外貨で運用を続けている分には、こうした問題はなくなりますから、効率的に資産を増やしていくことができるはずです。

タックス・ヘイヴンは効果的なのか

一部の国や地域では、非居住者にも口座の開設や運用を認めてくれるケースがあります。

こういった地域を「オフショア」といいます。

オフショアとは、英語で「Offshore」となり「沖合い」という意味ですが、金融の世界では特に「非居住者に金融機関の口座開設を認め、かつ税金面での軽減措置などのある地域」を意味します。

なお、「タックス・ヘイヴン」という言葉を聞いたことのある方もいらっしゃるかもしれません。こちらは「Tax Haven（租税回避地）」という意味で、オフショアと同じような使われ方をします。具体的には、英領バージン諸島やバミューダ諸島、ケイマン諸島、香港などがタックス・ヘイブンとして代表的です。しかし、この言葉は「Tax Heaven（税金天国）→脱税天国」と誤解されることが多く、今はオフショアという言葉を用いられることが多くなりました。

オフショア、タックス・ヘイヴンの定義

オフショアやタックス・ヘイヴンの意味するところは前述のとおりですが、国際的に明

確な定義があるものではありません。ただし、こうした地域に共通する要素として、次の3点を挙げることができます。

①非課税措置、課税軽減措置がある

英領マン島など、タックス・ヘイヴンの多くは、主な産業や資源に乏しい小国であり、地域です。こうした環境下で経済的に発展しようとして選択したのが、金融サービスです。より多くの企業や資産家を呼び込むために、さまざまな経済活動によって発生する利益に対して、非課税にしたり、課税を軽減したりしています。たとえ非課税にしても、その国で経済活動が行われれば、経済成長につながるため、世界のお金を集めようとしているわけです。

②資産の運用に関する規制が最小限

タックス・ヘイヴンにお金が集まるのは、税金面でのメリットに加えて、運用面におけるメリットもあるからです。資産運用に関する制限をなくし、集まってきたお金を自由に運用してもらうことで、「金融センター」として発展する。こうしたことを期待して、会

社登記手続きの簡素化などの制度が取られています。

③秘密保持の厳守

金融機関は顧客との信頼関係が第一です。そのためタックス・ヘイヴンと呼ばれる国・地域では、資産家の情報を徹底的に守ります。顧客の情報を保持している金融機関が、第三者に顧客情報を開示した場合、金融機関はペナルティーや罰則を受けます。

ただし、この点は第1章でも説明した、国際的な課税強化の流れや、CRSによる情報交換によって状況は変わりつつあります。

それでは、改めて日本の居住者がオフショアを活用するメリットを整理してみましょう。オフショアを活用することで、個人の資産家は次のようなメリットを得られます。

①低コストで世界各国の通貨を保有できる。
②世界中の金融商品に投資できる。
③資産に関するプライバシー、機密を保持できる。

④資産を効率的に継承できる。
⑤節税できる可能性がある。

これらのメリットは、日本国内の金融機関ではなかなか実現できないことです。それがオフショアを活用することで可能になります。③のプライバシー、機密の保持に関しては、CRSにより近年は状況が変わっていますが、それでもパナマ文書の情報流出のような事態は考えにくいことです。後述のように節税面、運用面のいずれにおいても、オフショアを使うメリットは少なくありません。

香港・シンガポールは政情に不安あり

香港は、オフショアの代表的な地域として知られています。

香港の金融システムはイギリスから派生しており、ドルをベースとした通貨が発行されているため、グローバルな金融センターとしての地位を獲得して今に至ります。香港で上場すると、グローバルに資金を受け入れられるという点も、世界中から企業が集まり、資金を呼び込む要因となっています。

香港は日本人にとっても人気のオフショアです。地理的に近く、口座の開設も簡単にできるため、使い勝手はいいといえるでしょう。

しかし、スイスと比較した場合、香港は性格に違いがあります。香港では、受け入れるお金に対しあまりうるさいことを言わず、500万円程度の少額の資金でも口座を開いてくれます。しかし、その分、顧客への審査が緩くなり、時には怪しげな資金も受け入れているようです。近年では口座開設のハードルも高くなってきています。

スイスの場合、基本的には受け入れ資金について1億円をベースにしており、顧客の信用性もチェックされるため、口座を開くハードル自体が高いのは確かです。しかし、その分、富裕層にふさわしいサービスを提供してくれますし、犯罪などに巻き込まれるリスクもありません。富裕層が安心して資産を保全・運用する点では、香港よりもスイスをオススメします。

しかも、オフショアとしての香港は、近年急速にリスクが高まっています。

その理由は、中国政府の汗渉にあります。1997年に中国に返還され、中国領となった香港には、常に政治的なリスクがつきまといます。「一国二制度」として、香港の資本主義は保証されているものの、中国政府の影響を受ける地域であることは間違いありません。

それが明らかになったのは、２０１９年に始まった大規模なデモでしょう。中国の捜査当局が、香港に対して犯罪事件の容疑者の身柄引き渡しを要求できるようにする法案に対して、香港で大きなデモが起きました。デモは半年以上におよび、結局法案は正式に撤回されました。今年の６月には、香港でのあらゆる反体制活動を禁じる「香港国家安全法」が制定されました。香港の「自由」を制限する法律に国際的な非難が集まってます。香港は再び「一国二制度」を揺がす混乱の波に呑み込まれています。

このような情勢を踏まえると、香港がいつまでオフショアの金融センターとしての地位を保てるのか、不透明です。

実は、中国政府はかねてより上海を金融センターに育てたいと考えています。そうすると、中国にとって香港は足かせでしかありません。上海が金融センターとして独り立ちすれば、香港が担っていた機能は全て上海に移されてしまう可能性は高いでしょう。

事実、香港で資産を運用していた中国人投資家の多くは、すでに香港から脱出しつつあります。我々とお付き合いのある香港のビジネスパーソンも、管理会社は他国に持ち、香港に拠点を置いていないと話していました。お子さんもアメリカの大学でＭＢＡを取得させていたようです。「何が起きても大丈夫です」と言っていましたが、中国人だからこそ、中国共産党によるリスクを察することができているのでしょう。

香港にある銀行や会社も手を打ちはじめていて、香港上海銀行も本店はイギリスにあり、大手商社のジャーディン・マセソンも、本店を香港からバミューダに移しています。お金を持っている人は、すでに香港を去っているのです。

長期的な視点で見ると、香港をオフショアとして全ての資産を避難させるのは、勧められません。今後、中国による影響が強くなればなるほど、資産運用のリスクが高まると考えておく必要があります。

リーダー不在のシンガポールは高リスク

日本人から見て、香港の次に近いオフショアが、飛行機で7時間ほどの場所にあるシンガポールです。近年は、中国人の資産が香港からシンガポールへと流れているともいわれています。

香港が抱えているリスクに比較すれば、シンガポールはより安全なオフショアと見ることができるでしょう。

シンガポールは１９６５年の独立以来、初代首相であるリー・クアンユーのリーダーシップのもと、事実上の独裁が続いていました。統制国家といってもよいほどシステムはしっかりと整い、瞬く間に世界の金融センターの地位を得ることができました。

国土が狭いシンガポールでは、中心部に住居を構えられるのは一部のエリートだけです。彼らは格安で住居を購入できますが、外国人は数億円を出さなくては住居を購入できません。そのため隣国のマレーシアに住みながらシンガポールに資産を置くという外国人富裕層も多くなっています。シンガポールはそれほどに人気のオフショア地域なのです。

これまで、世界中から著名な資産家がシンガポールに拠点を移しており、世界三大投資家のひとりと呼ばれるジム・ロジャーズもアメリカを離れ、家族でシンガポールに移住しています。

かつては日本人にとって絶好のオフショアセンターであったシンガポールにも、徐々に歪みが生まれつつあります。シンガポールは建国の時代から第2世代に突入しており、リー・クアンユーは2015年3月に91歳で亡くなりました。彼の同志も少しずつ減っています。

これまで、リー・クアンユー体制による強力なリーダーシップのもと経済発展を続けてきたシンガポールですから、今後は政治的な混乱が起きることが予想されます。2011年の総選挙では、与党の支持率が過去最低となり、国民が外国人受け入れを促進してきた政策にノーを突き付けたことも、ひとつの転換点です。

移民は紛れもなくシンガポールの経済成長の原動力になっていたのですが、国土が狭いことから、住宅や雇用などの奪い合いとなり、移民への反発心が高まってきたものと考えられます。

こうした背景から、シンガポールは外国人の流入を抑止する方向に舵を切りました。したがって、今後は経済発展のスピードが落ち、日本のような急速な少子高齢化が進行することさえ考えられます。

ここに追い打ちをかけるのが、中国のリスクなのです。

中国人の資産は香港からシンガポールに流れており、影響度は徐々に増しています。このことは、現時点では大きな問題ではないかもしれません。むしろ、中国の経済成長による恩恵がシンガポールにもたらされるでしょう。しかし、これは中国の経済成長が続く限り、という条件付きです。

中国は、一人っ子政策の余波から急速に少子高齢化が進み、さらにはアメリカとの関係悪化など中国共産党による統治にも問題が生じています。

産業においては、ファーウェイやアリババ、テンセントといったＩＴ企業がグローバルに成長を続けていますが、これも皮肉なことに中国の首を締めることになるかもしれません。なぜなら、中国は約14億人もの人口を抱えているからです。ＩＴ化が進めば、人間の労働力がいらなくなるため、中国の多くの若者が職を得られなくなる可能性が高まります。ＩＴ産業に関わる一部の個人が富を蓄積し、その他大勢が貧困にあえぐことになれば、社会不安は高まり、中国の経済成長を押しとどめてしまうかもしれません。

こうした変化は、目に見える形ですぐに起きるものではありませんが、気が付いたときには手遅れになっている可能性も考えられます。

やがて、中国の影響力が高まるシンガポールも、安心して資産を預けられるオフショアではなくなっていくでしょう。

歴史的に安定しているスイス

オフショアといわれる国や地域であっても、固有のリスクが存在することをお分かりいただけたでしょうか。

最後にご紹介したいオフショアがスイスです。**スイスは、香港、シンガポールと比べて、オフショアとしての歴史と実績において格の違いを見せつけます。**

「オフショアの元祖」とも呼ばれるスイスですが、そのルーツは17~18世紀までさかのぼります。現在のスイスについて知る前に、少しだけその歴史をひもといてみましょう。

アルプスの山岳地帯に位置するスイスは、土地は農業に向かず、産業も乏しく、ヨーロッパの中では貧しい地域でした。

日本人にとっては、『アルプスの少女ハイジ』や「永世中立国」といった平和的なイメージがあるかもしれませんが。**スイスの数少ない産業の一つが実は「傭兵」でした。**屈強な体躯を活かした若者たちが、近隣の国家間の戦争に傭兵として参加し、外貨を稼いでいたのです。自らの生命をかけたこの産業は「血の輸出」と呼ばれました。

スイスは、若者の「血」を差し出さなくてはお金を得られないほどに、貧しい国だったのです。

傭兵の若者たちが命がけで持ち帰った報酬は、生命を危険にさらして手にしたものだけに、かなりの高額でした。しかし、彼らは再び傭兵として戦争に出かけるため、財産をスイスに残しておく必要があります。とはいえ、そのまま家の中に置いておくのは危険です。

こうしたお金を管理する役割を担うべく、「プライベートバンク」が生まれたのです。

プライベートバンクは財産を安全に管理するだけではなく、戦地から戻らなかった若者の家族に対し、保障をするといった機能も持っていました。

こうして、スイスのプライベートバンクは資産の保全と運用についてのノウハウを蓄積していったのです。

戦火にさらされていた周辺の国々の資産家たちからもプライベートバンクが注目を集め、

スイスへ徐々に資産が集まり始めます。資産を自国に置くよりもスイスのプライベートバンクに預けたほうが安全に管理できる、そう彼らは考えたのです。

スイスのプライベートバンクの歴史は地域によって異なり、ジュネーブのプライベートバンクは、フランス革命のときに王侯貴族が資産を避難させたのが始まりだとされています。

フランスに近いスイス西部のジュネーブでは、フランス国内で迫害されたキリスト教の改革派「ユグノー（新教徒）」のお金を持ってきた人たちの運用を始めて、金融力を高めました。北部に位置するチューリッヒやバーゼルは、東欧不安によって流れてきた資金が集まってきたことがルーツです。一方、イタリア語圏のルガーノは、イタリアから資産が集まったのが始まりとされています。

いずれにせよ、スイスのプライベートバンクは、「資産を守る」ということがルーツといえます。不安定な国の情勢から生まれた「頑固で、何があっても大切なものを守る」という国民性に加え、時を経て金融などのノウハウを蓄積した結果、今日のように世界の富裕層から資金を任せられるようになったのです。

ではスイスは今でも安全なのか

香港からシンガポールに多くの資金が移動しつつあるように、あるオフショアでリスクが高まれば、他のオフショアに資金が流れていくものです。資産家はリスクに敏感に反応するものであり、また、そうあるべきものだと思います。

ですから、スイスに集まっている資金も、資産家が何らかのリスクを感じれば、スイスから移動するはずですが、現在に至るまで、スイスには世界の資産が集まり続けています。そして、世界トップクラスの金融センターとして評価され続けているのが事実です。この実績こそが、資産の保全・運用先としてスイスを選択する最大の根拠なのです。

近年は、世界の資金がこれまで以上の規模でスイスに集まっています。スイスの銀行協会が定期的に作成しているレポートによると、スイスで預かっている資産の額は世界一なのです。さらに、「世界のオフショア資産の3分の1をスイスの金融機関が管理している」というレポートもあり、世界中の富がスイスに集まっていることが分かります。

スイスは世界の金融センターであるとともに、特に「富裕層の資産」を受け入れる金融センターとしての地位を確かなものとしています。第4章でさらに詳しく説明しますが、今はＡＩをはじめ、最新のシステム導入も早くなっており、資産を守るだけでなく、運用して積極的に増やす方向にも力を入れています。

アマゾンの創設者であるジェフ・ベゾス氏や、マイクロソフト創設者のビル・ゲイツ氏のように、ＩＴビジネスを中心に兆単位の資産を持つ資産家の数が増えています。これは今後も続くことでしょう。そうした資金は、自国だけで運用すれば税金などのリスクが高いですから、スイスに預けられることが十分に考えられます。

日本においても、不況が続いているなかでも富裕層と呼ばれる個人は増えているようです。野村総合研究所の調査によると、純金融資産保有額が1億円を超える世帯は126・7万世帯に上り、2000年以降の最多人数を記録しています。

このような資産を、名実ともに世界トップのオフショア金融センターであるスイスへ預ければ、しっかりと守り、増やしていくことができるのです。

それでは、いよいよ次章からは、ベールに隠されたプライベートバンクの実態をお伝えします。

図７　世帯の純金融資産保有額（平成30年度）

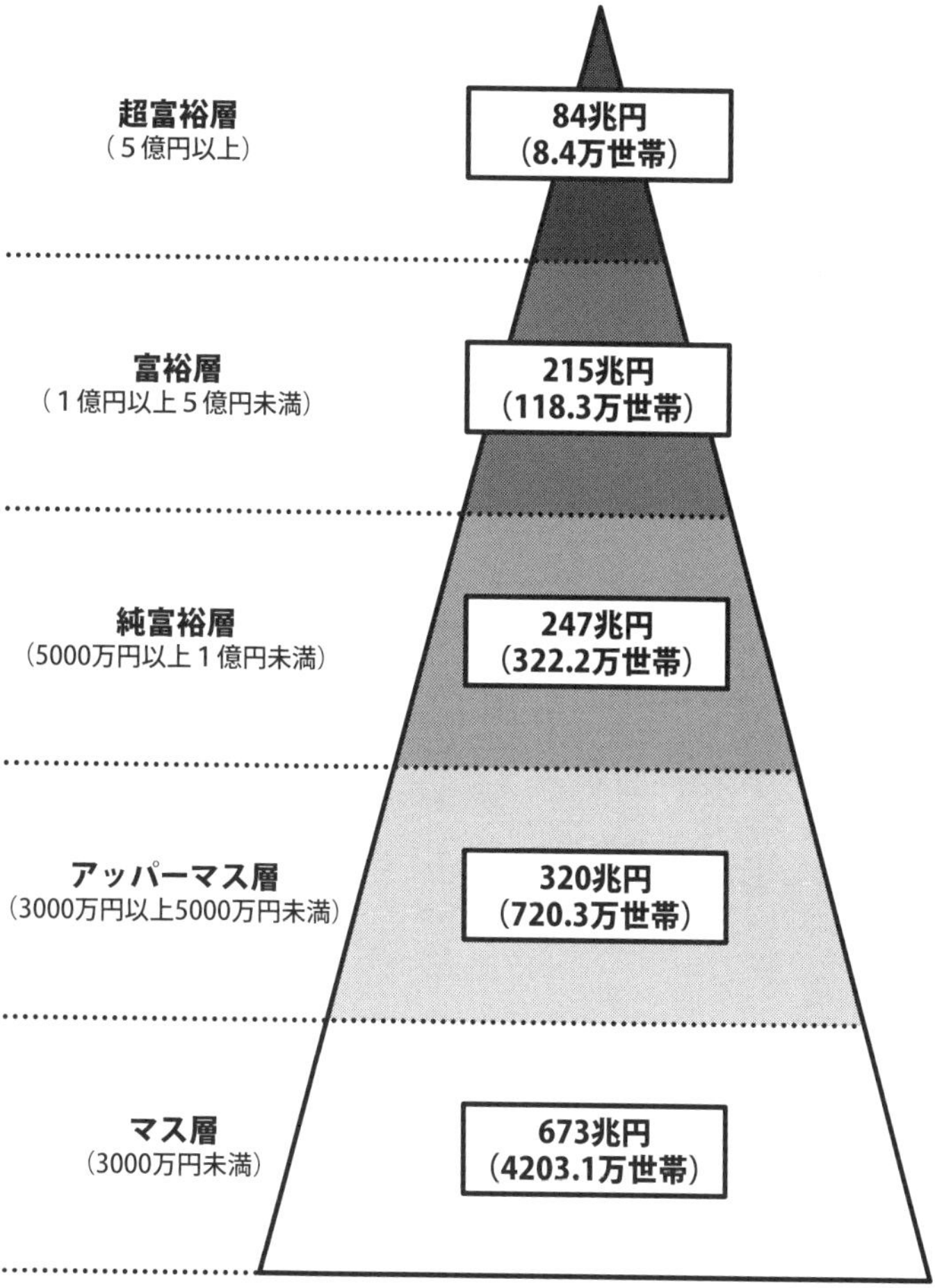

（資料）国税庁「国税庁統計年報書」、総務省「全国消費実態調査」、厚生労働省「人口動態調査」、国立社会保障・人口問題研究所「日本の世帯数の将来推計」、東証「TOPIX」および「NRI生活者１万人アンケート調査（金融編）」、「NRI富裕層アンケート調査」などからNRI推計。

第3章

あまり知られていない スイス・プライベートバンクの実像

プライベートバンク＝個人のための銀行

本章では、スイスのプライベートバンクの実像についてお伝えしたいと思います。海外に資産を移し、保全、運用するメリットについては、すでにお話しました。その上で、ただ海外に資産を移すだけでなく、「金融機関選び」にも目を向ける必要があります。なぜなら選ぶ金融機関によって、得られるサービスや期待できる運用メリットなどが大きく異なるからです。

ある程度の資産を持つ方であれば、大切な資産を保全・運用し、子供などへ継承するには、プライベートバンクが最適と考えます。

プライベートバンクとは、文字通り「プライベートな（個人のための）バンク（銀行）」です。

プライベートバンクを利用したことのない方は、プライベートバンクのことを「情報を漏らさない銀行」「脱税のために使える銀行」といったイメージを持たれるかもしれません。

しかし、**プライベートバンクの本質は、個々人に合わせたサービスを提供する点にあります。**大手のプライベートバンクであっても１０００人程度のスタッフ数で運営されており、それぞれの顧客に専任の担当者がつき、まさに「オーダーメイド」と言える資産管理やアドバイスを提供しているのです。そして、安全に経営を続けるために法令遵守も徹底しています。

こういった特徴を持つため、プライベートバンクの担当者は、数十年にわたって顧客の世話をしてくれます。ここが異動や転職で担当者が急に変わる日本の金融機関とは大きく違う点です。万が一、担当者が高齢で引退するようなことになっても、ある程度の時間をかけて後任者への引き継ぎがなされ、変わらぬサポートを期待することができます。

また、顧客の側から、「あの人とは相性がよくないから、別の人に変更してほしい」という希望を出すこともできます。

このような手厚いサービスを受けられるのは、その料金体系による影響も大きいといえるでしょう。プライベートバンクの収益のメインは、預かった資産に応じて受け取る「管理費」です。**顧客の資産を着実に増やしながら末永く管理することが彼らの利益になりま**

すから、Ｗｉｎ－Ｗｉｎの関係を築くことができます。

これは、いたずらに顧客に金融商品の売買を繰り返させて手数料を稼ごうとするスタイルの金融機関とは異なるビジネスモデルです。日本の金融機関では、運用益よりも支払う手数料のほうが多いことさえありますが、スイス・プライベートバンクに一定の資産を預けていれば、そのようなことは基本的にありません。

第1章でお伝えしたとおり、日本に暮らす人々の経済的リスクは高まり続けています。そのため、これから日本では「ファミリーで財産を守る」という意識がより顕著になると予想しています。国に頼ることができないから、自分たちだけで何とかしよう、という富裕層は増えていくでしょう。

そういった意味では、昔から何世代にもわたってファミリーの財産を守ってきたプライベートバンクのノウハウはうってつけです。

実は知られていないスイスのユニークさ

プライベートバンクを「発明」したのはスイスです。

ここで、プライベートバンクが生まれたスイスという国の特色について少しだけお伝えしましょう。

国土の面積は、日本の九州本島よりもやや大きいくらいですが、この国からはグローバルなビジネスが少なからず生まれています。例えば、食品のネスレ、製薬のロシュ、ノバルティス、時計メーカーのロレックス、オメガ、スウォッチといった誰もが知っている企業はスイスで設立されたものです。

このような産業をスイスが生み出せたのは、外部からよいものを取り入れる柔軟さを持っているからと考えられます。スイス人は保守的な国民性で有名なのですが、実はスイス人の3分の1は外国にルーツがあるといわれており、4つも公用語があるのです。ドイツ語、フランス語、イタリア語、昔のラテン語に近いロマンシュ語を話す人々がともに暮らすのがスイスという国であり、そうした多様性のある文化が、グローバルにビジネスを拡大する原動力となっているのかもしれません。

また、スイスでは権力の一極集中を嫌う姿勢も見て取れます。

国内には「カントン（Kanton）」と呼ばれる26の州があり、それぞれに独自の憲法や政府、議会が存在します。地方自治が当然のものとして受け入れられ、なかには独自のパスポートを発行しているカントンもあるほどです。

スイス政府は連邦制を敷いていて、「連邦大統領」と呼ばれる役職を、連邦参事が年齢順に持ち回りで1年間担当します。連邦大統領といっても、国家元首としての機能は持たず、外交などで国家の代表として儀礼的に振る舞う程度です。

国民投票が行われることも多く、直接民主主義的側面もあります。このため、政治家の暴走によって法制度が大きく変えられるなどのリスクが極めて低いと評価されています。

今は、日本や中国、アメリカなど、権力の一極集中により国内情勢が不安定になっている国は少なくありません。国が不安定であれば、資産運用のパフォーマンスにも少なからず影響がありますから、この意味からも、安定したスイスに資産を預けることには一定の合理性があるものと思います。

スイスではペイオフの不安なし

第1章でも触れましたが、日本の銀行が倒産した場合、ペイオフによって１口座あたり１０００万円までの預金元本とその利息は保護されます。逆に言えば、１０００万円以上の預金に関しては、ほぼ戻ってこないと言ってよく、多額の金融資産を持つ資産家にとっては悩ましい問題です。

かといって、例えば3億円の資産を30口座に分けるような対策をすると、その管理が非常に煩雑になります。通帳などが散逸するリスクがありますし、銀行とのやりとりも膨大になるため、現実的ではありません。

まず、スイスの銀行は全て、日本の金融庁にあたる銀行当局の管理下にあります。スイス連邦銀行委員会から業務許可を得なくては、銀行業を営むことはできません。そして、ほぼ全ての銀行がスイス銀行協会に加盟していて、協会が定めた顧客情報の保護や、ガイドラインに沿った資産保全が義務付けられています。

株やファンド、債券などの顧客の金融商品は、完全に分離口座で管理されており、万が一口座を管理する銀行が倒産しても、預けている資産が戻ってこないというケースは99%ないのです。

また、預金にしても、プライベートバンクのポートフォリオでは、顧客の資産を「預金」として保有・運用するケースはわずかです。スイス・フランで保有することもほぼありません。

資産をプライベートバンクで一括管理しながら、しかもいざというときの保護も受けられる点は、大きな強みです。

プライベートバンクを選ぶなら

スイス国内には20〜30行のプライベートバンクが存在します。それらは、主に所在地により、ジュネーブ系、バーゼル系、チューリッヒ系、ルガーノ系の4地域に分類されます。

第2章で説明したように、このうち傭兵たちの資産を守る銀行としてスタートしたのがチューリッヒ系やバーゼル系です。それぞれ、スイス北部のドイツ語圏のプライベートバンクです。こちらは東欧不安によって流れてきた資金も集まっています。

一方、スイス西部のフランス語圏のジュネーブなどは、17世紀のルイ14世の宗教迫害を受けたユグノーたちが逃れてきて、彼らの資産を管理するための銀行としてスタートしたのが起こりです。そして、南スイスのルガーノは、イタリアの資産が多く流れてきていることで知られています。


地域による分類の他に、規模による分類をすることもできます。

大規模といわれているものは、ピクテ、ロンバー・オーディエ・ダリエ・ヘンチ、ジュリアス・ベア、ＥＦＧといったところです。ただし、大手といっても、スタッフ全員で１０００～２０００人程度ですから、日本のメガバンクなどと比べると、ずいぶん小規模といえます。

中小規模のものとしては、ミラボー、ホッティンガー、ラ・ロッシュといったところです。さらに小規模なプライベートバンクも存在し、スタッフ数百人規模で、代々続く老舗商店といった趣です。

これらのプライベートバンクの店舗を訪れると、そのコンパクトさに驚かれるかもしれません。こぢんまりとした一軒家でやっているプライベートバンクもあるくらいですから、日本のメガバンクのような建物をイメージしていると、ギャップを感じられるのは当然です。

スイスのプライベートバンクは、顧客の資産保全・運用に長けたスペシャリストの集まりです。そのノウハウによって顧客との信頼関係を築いていることから、顧客の財産を毀損するような広い建物や華美な装飾などにコストをかけようとしないのです。

では、複数あるプライベートバンクのなかで、どれを選べばいいのでしょうか。

スイス国内のプライベートバンク間では当然、競争があります。この競争は熾烈ですが、非常にフェアなものです。そのため、**今は、手数料などはどこもほぼ同じになっていますし、サービスの内容にも、それほど大きな差はありません。**

差が付くポイントがひとつあるとすると、「預かり資産の運用成績」ということになります。こちらも激しい競争が行われています。

スイスのプライベートバンクは自らの資産を運用しているわけではないので、収益源とするのは手数料（管理費）収入に限られます。だからこそ、必死に顧客の資産を運用し、高いパフォーマンスを維持できているのです。

大手は株式会社化が進み、従来のパートナーシップ制（第4章で説明します）から変わってきている様子が見られるのですが、**中小規模のプライベートバンクは、そんなことはありません。顧客をじっくりフォローする体制を維持しています。**

ただし、中小規模のプライベートバンクは、規模が小さくスタッフも少ないため、日本語での対応ができないところも少なくありません。もし、現地の担当者と直接やりとりができる語学力がある、もしくは後ほど説明するエクスターナル・マネジャーと呼ばれる、現地とのやりとりを代行してくれる専門家に依頼するのであれば、中小規模のプライベートバンクを選択するメリットは多くありそうです。

プライベートバンクが恐れるスキャンダル

資産を預ける立場から考えると、経営に不安のある金融機関を利用したいとは思わないでしょう。

スイスのプライベートバンクは信頼性を何よりも重要視しているのですが、このことは、「スキャンダルを非常に嫌う」という特徴に表れています。

スイスのプライベートバンクは、自身のスキャンダルはもちろん、顧客がスキャンダルに見舞われることにも敏感です。いかに大きな金額を持っていようと、怪しげな顧客を受け入れることを良しとしません。なぜなら、たとえ一顧客のスキャンダルであっても、プライベートバンクが、そして他の顧客がスキャンダルに巻き込まれてしまうからです。

プライベートバンクではありませんが、この様なスキャンダルがありました。

２００３年に起きた五菱会事件です。これは日本の犯罪組織の資金がスイスのクレディ・スイスの銀行口座に移され、マネーロンダリングに利用されたとして、日本とスイス、両国の捜査が入りました。このようなことがあると、クレディ・スイスの評判が落ちるだけでなく、顧客離れにつながることは明らかです。

なお、クレディ・スイス銀行はユニバーサル・バンク、いわゆる日本でいう都市銀行ですので、そもそもプライベートバンクではありません。

プライベートバンクなら、マネーロンダリングが疑われるようなお金は決して預かりません。前述のとおり、プライベートバンクは熾烈な競争を続けており、サービスはどこも一流です。別のプライベートバンクに乗り換えることも容易ですから、スキャンダルに見舞われたプライベートバンクからは顧客はさっさと逃げてしまうでしょう。

だからこそ、プライベートバンクはスキャンダルを徹底的に避けたいと考えるのです。こうした姿勢が、プライベートバンクの経営の安定、ひいては顧客にとっての安心感につながっています。

プライベートバンクの厳しい顧客情報管理

プライベートバンクの特徴の一つに挙げられるのが、「顧客情報の保守」です。このことは、実際にプライベートバンクの建物に入ると実感できると思います。仕切りが設けられ、基本的には担当するプライベートバンカー以外には顔を見られないようなつくりになっています。

もし街中で担当のプライベートバンカーと出会ったとしても、彼らは決して声をかけてきません。プライベートバンカーと付き合いがあると知られれば、それだけで資産家であることが周囲に知られてしまうからです。

近年、主にアメリカの圧力によって、「脱税防止」という名目のもと、各国の金融機関は顧客情報の開示を求められています。どこの金融機関も脱税を手助けするつもりはありませんから、「脱税防止のためなら」という対応をしています。CRSもそうした動きの一つです。

このような理由により情報を開示するのは、プライベートバンクも例外ではありません。もし開示を拒絶すれば、「スイスは脱税を手助けしている」という評判が立ち、かえって世界の信頼を失ってしまうことになるでしょう。

ただし、これは個人的見解ですが、プライベートバンクは全ての情報を開示するわけではありません。プライベートバンクはアメリカなどの圧力よりも、顧客の情報の保守を大切に考えているからです。

CRSなどのルールに則った情報開示は行うとしても、不用意に顧客情報を外部に漏らすことは考えられません。税務申告などを適切に行っている限り、顧客に不利益が及ぶことはないでしょう。

一生付き合うプライベートバンカー

プライベートバンクに口座を開設すると、担当のプライベートバンカーが決まり、1対1のお付き合いが始まります。

日本の金融機関のように、やりとりのたびに違う人間が対応するといったことはありません。これは、プライベートバンカーの離職率が非常に低いことも要因です。

プライベートバンカーの離職率が低いのは、高給を受け取っており、他の待遇も悪くないからです。それに、仮にプライベートバンカーが退職して、他のプライベートバンクに移ろうとしても、5年間は同じ業種に再就職できない決まりになっています。

ここで、プライベートバンカーがどのような人材なのかが気になる方もいらっしゃるでしょう。

1990年から1995年の間、スイスの大手プライベートバンクであるピクテに在籍し、ベールに包まれていたプライベートバンクの内側を知りました。以来、現在にいたるまでプライベートバンクと関わり続けていますので、ここで知ったプライベートバンカーの実情をお伝えしていきましょう。

プライベートバンカーには、広範な金融知識は当然のこと、複数の言語を操る能力、そして高度なモラルも求められます。彼らは世界中の資産家を相手にしなくてはなりませんから、求められるレベルも非常に高いのです。顧客から「こういうパフォーマンスを希望する」と言われれば、関係する運用部門に電話をして、迅速に要望を実現できる実行力も問われます。したがって、一人前のプライベートバンカーを育てるのに、15年はかかるともいわれています。

意外に思われるかもしれませんが、プライベートバンカーのうちスイス人は3割程度にとどまります。残る7割はアメリカやイギリスの金融業界出身の優秀な人材が占めます。彼らは、顧客本位のプライベートバンクの仕事を希望して、わざわざ国を離れてプライベートバンクに身を置いているのです。

このような背景があることから、プライベートバンカーの数そのものは、ユニバーサル・バンクの行員に比べると少なくなっています。そのため、プライベートバンクで受け入れられる顧客の数にも限りがあります。そこでプライベートバンクでは預け入れ資産の最低ラインを引き上げるなどし、顧客の線引きをしているのです。

そして、数を絞った顧客に対して、プライベートバンカーは徹底的にサポートします。資産保全や運用に関しての相談はもちろん、家族と将来を含めたライフプランに関しても親身になってアドバイスをしてくれるでしょう。時には顧客の子供が学校に入学する際に推薦状を出してくれるケースもあります。

顧客との間にこのような関係を築くことができ、それを継続できるのは、世界の金融機関でもスイスのプライベートバンクにしかない特徴です。

プライベートバンカーの暮らしは質素

プライベートバンカーは資産保全・運用の知識を豊富に持ち、高給を受け取っています。そのため、プライベートバンカーは華美な生活をしていると思われるかもしれません。しかし、実情はまったく逆です。

山岳地域にあるスイスは、国民の多くが農業や畜産業を営んでいるので、国民気質も「まじめ」「律儀」です。そのため他のヨーロッパ人からは田舎者扱いされることも少なくありません。こうした国民性は、プライベートバンカーにも反映されていると思います。彼らが金持ちぶるのを見たことがないからです。

今から40年ほど前のこと、大手プライベートバンクの一つ、ロンバー・オディエ（当時）のパートナーの自宅を訪ねたときのことを覚えています。

当時、彼は部屋数40以上ある、広大なお城に住んでいました。「週末に遊びに来なさい」と誘いを受けたので行ってみると、彼は長靴を履いて野菜を作っていました。羊や鶏などがあちこちにいる、大きな庭の中で畑仕事をしていたのです。

彼は家族５人とメイドさん２人の合計７人で広大なお城に暮らしていたのですが、暮らしぶりはいたって質素でした。

彼らにとってのぜいたくとは、ブランド品で着飾ることでも、夜な夜なパーティーを開くことでもなく、自然のものを食べることにあったのでしょう。無農薬の野菜を自分で作って、健康的な環境で飼育した羊や鶏、鶏の卵を食べること。こうして健康的に長生きしようという考えがあったようです。

以前働いていたピクテ（当時）のパートナーも同様でした。数百億円規模の資産を持っているはずですが、普段の行動からはそのような気配がまったく感じられません。いつもバイクで通勤している姿が印象に残る紳士的で質素な方でした。

彼らは間違いなく資産家です。それでもお金をひけらかすような生活の仕方をしないのは、誘拐や強盗を避けるため、という生活の知恵でもあるのでしょう。ニューヨークのウォール街やロンドンのシティの金融マンとは、まったくキャラクターが異なります。

「資産は消費するものではなく、大切に受け継いでいくもの」

スイスのプライベートバンカーの姿には、このようなスイス人の資産に対する考え方がよく表れていると思います。

アナリストがパフォーマンスを左右する

担当のプライベートバンカーの他にも、プライベートバンクには顧客の資産に対して大きな責任を負っている人たちがいます。

それが、「アナリスト」です。

アナリストの仕事は、世界中の金融商品から最適なものを探し出し、分析・評価することにあります。大手のプライベートバンクにはこうしたアナリストが１００人規模で在籍しています。

プライベートバンクにおける資産運用について、詳しくは第4章で説明しますが、その特徴は「堅実性」にあります。アナリストは世界中の金融商品を把握しているといっても過言ではなく、そのなかから顧客の財産を守れるものを選んでくれます。

プライベートバンクが、堅実でありながら良好な運用成績を残すことができるのも、アナリストの的確な分析があればこそです。彼らアナリストが見つけた商品は、その後「ポートフォリオマネジャー」など、各分野のスペシャリストにより運用されることになります。

現在は、最新の金融商品を分析できる人材を獲得すべく、外部からも積極的に取り入れています。大手銀行やファンド運用会社など、最新の金融知識を持つアナリストを採用して、彼らに最新の金融商品の分析を任せています。

リーマンショックの引き金になったサブプライム・ローン問題は、急激に進化した金融モデルに対して、金融機関のアナリストの知識が追いつかず、そこに潜むリスクに誰も気づかなかった、というのが要因です。金融モデルの論拠になっていた計量分析の考え方が間違えていたのに、誰も気づかなかったのです。

この失敗を教訓に、アナリストたちは最新の計量分析の手法を学ぶようになりました。こうした知識を理解できなくては、正確に金融商品を分析することはできず、投資詐欺に引っかかる恐れがあります。

それだけに、最新の頭脳を取り入れることは、プライベートバンクにとって、攻めの戦略であると同時に、大きなリスクヘッジでもあるのです。

プライベートバンク・アナリストの判断基準

プライベートバンクのアナリストの特徴として、彼らは目先の数字だけでは判断しないという点が挙げられます。

運用成績を確認するときは、短期ではなく長期間の数字をチェックし、利回りだけでなく、ボラティリティ（変動率）にも注目します。つまり、「どれだけ儲けたか」ではなく、「どれだけ安定的に運用されてきたか」をチェックしているわけです。

時には、パフォーマンス以上に、そのファンドを扱うファンド・マネジャーの考え方や判断力まで評価することもあり、他の金融機関の判断基準とは大きく異なります。

昨今はコンピュータの発展により、ファンドによっては人間ではなく、プログラミングによって売買の判断が行われることが増えているようです。これは、マーケットのトレンド（傾向）を判定して、それに追従するスタイルのファンドに顕著です。

しかし、プライベートバンクのアナリストが、コンピュータのプログラミングに判断を任せることはまずありません。ポートフォリオの作成や見直しは、アナリストがデータをもとに、自らの経験と知識によって判断します。

プライベートバンクのアナリストは、株価などの定量的な要素だけではなく、運用する人物に対する定性的な要素も評価しているため、完全にプログラミングに任せることはできません。もちろん、ＡＩなどのテクノロジーの導入を進めていますが、これまでの知見にプライベートバンクの独自のノウハウが加わり、安定したパフォーマンスを出すことができています。この点は、他の金融機関には真似のできない要素といえます。

エクスターナル・マネジャーの役割と仕事

日本からスイスのプライベートバンクを利用する際、もうひとつ覚えておいていただきたい仕事があります。それは、「エクスターナル・マネジャー」です。

エクスターナル・マネジャーは、プライベートバンクと日本の顧客をつなぐ役割があり、T&T FPコンサルティングは現在エクスターナル・マネジャーの仕事をしています。

エクスターナル・マネジャーは、プライベートバンクやアナリストとは違って、プライベートバンクに専属するスタッフではありません。プライベートバンクからは独立した存在で、顧客とプライベートバンクのちょうど中間にいるとイメージしてください。


プライベートバンクは、基本的にマーケティングを行わず、いわゆる宣伝活動を一切しません。それにもかかわらず顧客を獲得し続けている理由は、エクスターナル・マネジャーから紹介を受けるという仕組みがあるからです。

特に日本人の場合、英語を話せる人が少ないので、プライベートバンクとの直接のやりとりのハードルが高くなります。やりとりする文書も英語ですから、ここでつまずく人もいるでしょう。

最初に口座を開設する際には現地に赴く必要がありますが、プライベートバンクのことがわからないままで現地まで行くのは大変な負担です。そもそも簡単に担当者に会えるものではなく、会えたからといって口座を開設できるとは限りません。わざわざスイスまで行ったのに、口座を開くことができず、全てが徒労に終わる可能性もあります。

そうしたとき、私達のようなエクスターナル・マネジャーが間に入って、スイスとのやりとりを代行することになります。

エクスターナル・マネジャーは、プライベートバンクから遠く離れた地域の資産家にプライベートバンクに関するお手伝いをする存在ですから、現地に行かずとも、エクスターナル・マネジャーを経由すれば日本から口座を開設することができるのです。

エクスターナル・マネジャーにはもうひとつ重要な役割があります。

それは、**顧客の信用度を測る指標になっているという点です。**

エクスターナル・マネジャーを経由した人物に対しては、プライベートバンクも口座開設に非常に前向きになります。エクスターナル・マネジャーがOKを出した人物なら、心配はないだろう、と受け入れてくれるのです。

とりわけ、何十年も仕事を続けているエクスターナル・マネジャーであれば、プライベートバンクとの信頼関係も強固なものになっています。後ほど説明しますが、プライベートバンクは最低限の預け入れ資産の基準を持っているものですが、この基準を満たさない人であっても、エクスターナル・マネジャーのお墨付きということで口座を開設できる可能性もあります。

クオリティを担保するパートナーシップ制

繰り返しますが、プライベートバンクの目的は「顧客の資産を守り、増やすこと」です。顧客の資産の増減とプライベートバンクの損益は、ダイレクトではありませんが、連動しています。

そのため、**プライベートバンクは顧客の資産を減らさないように動きます。**

顧客は資産保全や資産運用の失敗を簡単には受け入れてくれませんし、資産家たちは、能力のないプライベートバンクにはすぐに見切りをつけ、資産を他に移してしまいます。

そうすると、年間の資産管理費によって利益を得ているプライベートバンクにとって、大きな痛手です。さらには顧客が逃げ出したという評判は、プライベートバンクが最も恐れる信頼性の失墜にもつながってしまいます。

プライベートバンクは、顧客に損失を与える事態が生じた場合はしっかりと責任を取ります。この仕組みがプライベートバンク独自の「パートナーシップ」制度です。

伝統的なプライベートバンクは顧客の帰属する国の法律変更などにより生じた運用以外の損失に対して全額補填する制度を実施してきました。これを「顧客に対する無限責任を果たすパートナーシップ制」といいます。

このような仕組みが構築されたのは、プライベートバンクの歴史に由来します。

従来、プライベートバンクには株主は存在せず、プライベートバンカーと呼ばれるオーナーが「パートナー」として存在していました。プライベートバンカーは、プライベートバンクを経営しながら、顧客のために業務を行い、顧客の資産を安全に運用し顧客の信用を得てきたのです。

しかし近年、プライベートバンクの伝統であった「パートナーシップ制」を見直す動きが出てきています。この経緯を説明しましょう。

変容していくプライベートバンクの在り方

２０１４年に、スイスのプライベートバンクの変革を促す出来事が起きました。大手プライベートバンクとして知られるピクテとロンバー・オディエの2行が、無限責任のパートナーシップ制から株式会社へと移行したのです。この2行は、プライベートバンクの大きな特徴ともいえる無限責任のパートナーシップ制をなぜ放棄したのでしょうか。

それは、あるプライベートバンクの破綻がきっかけでした。

２０１３年、スイス最古のプライベートバンクとされるヴェゲリンが、アメリカ当局に請求された莫大な罰金の負担に耐えきれず、業務を売却、閉鎖したのです。罰金の理由は、アメリカ人の顧客の脱税を幇助したというものでした。

このような訴訟リスクに対応するため、ピクテとロンバー・オディエはパートナーシップ制を放棄して、株式会社化することで組織を防衛しようとしているのです（ただし、公的には2行とも、こういった見方を否定しています）。

となると、パートナーシップ制を手放したプライベートバンクでは、今後、顧客の資産は守られなくなるのでしょうか。そうではありません。顧客の資産に対して責任を持つ、という考え方、対応は今後も変わることはないでしょう。

プライベートバンクが堅持してきた顧客への対応はそのままに、海外からの訴訟などによるリスクに対抗するための防衛策の一つが、株式会社化なのでしょう。

こうしたリスク管理こそが、プライベートバンクがこれまで生き残ってきた理由でもあります。

プライベートバンクは顧客を選ぶ

プライベートバンクは、誰でも利用できるというものではありません。

いくら資産運用にプライベートバンクを活用したくとも口座を開設できないこともあるのです。例えば、犯罪に絡む恐れのあるような場合や、預け入れ可能な資産が少額といったケースが該当します。

こちらから明確にお断りをした人もいます。

サービス業をやっているという若者だったのですが、資産状況を尋ねたところ、「毎月1億円入ってくる」とのことでした。

エクスターナル・マネジャーとして、本人の信用調査の意味でさらに質問したところ、答えがチグハグです。どうも怪しいと思い、質問を重ねると、「実は振り込み詐欺の……」と話し出しました。

こうした人は、もちろんお断りします。万が一我々が巧みにだまされて、プライベートバンクにつないだとしても、プライベートバンク側の審査で落とされてしまうでしょう。

プライベートバンクの担当者や、エクスターナル・マネジャーは、顧客となった方とは長いおつきあいになります。したがって、**何よりも大切なのは信頼関係です。信頼できない人や資産運用に対する考え方や性格、または生き方など、相性の合わない人は、お断りすることが互いのためだと考えています。**

プライベートバンクに向く人と向かない人

また、プライベートバンクの口座開設条件を満たしたとしても、その機能を十分に活用できない場合もあります。つまり、プライベートバンクに向かない人もいるのです。**プライベートバンクの顧客は、「投資家ではなく資産家」とイメージをすると分かりやすいかもしれません。**

投資家が「これからお金を増やそうとする人」とすると、資産家は「すでに相当のお金を持っている人」と言うことができます。資産家は、「お金を増やす」よりも「お金を減らさない」ことに重きを置きます。そして、しっかりと継承することが最終目標になります。

プライベートバンクの顧客には、中南米の富裕層も多く、彼らはまさに財産を守る必要にかられてプライベートバンクを利用しています。2019年3月、トルコの通貨トルコ・リラが40%値下がりしたことがありましたが、ああいった事態に備えてプライベートバンクを利用し、ドルで運用しているのです。

日本に限らず、世界中の資産家は過酷な税制や戦争などによって、資産が損なわれたり、奪われたりしてきました。だから、彼らにとって資産の保全と継承は非常に重要な問題で、その役割を担ってくれるプライベートバンクは大切なパートナーなのです。

日本も、このままでは経済危機により資産が目減りすることも考えられます。したがって、そうしたリスクを抑えるためにプライベートバンクを活用するというのが、望ましいといえるでしょう。

一方、お金を積極的に増やしたいと望む投資家にとっては、プライベートバンクは向かないかもしれません。代表例に挙げられるのは、短期間で資産を増やしたIT長者です。彼らは、いかにもセレブな生活をしていて、お金の使い方も派手ですが、こうしたタイプはプライベートバンクに物足りなさ感じる可能性が高いと考えられます。実際、IT長者の多くはパフォーマンスを重視したアグレッシブな運用が得意なプライベートバンキング・サービスを使って運用していることが多いようです。

インテリジェンスは最新、ポリシーは不変

本章でお伝えしたとおり、歴史あるプライベートバンクは、資産保全・運用、さらには継承するまでのノウハウを今日まで培ってきました。

近年は、大手プライベートバンクが、パートナーシップ制から株式会社にシフトするな

どの変化も見られますが、顧客との信頼関係の源になるポリシー（方針）が変わることはありません。資産家の資産を長年継承してきたプライベートバンクは、欧米のメガバンクのように目先の利益に踊らされることなく、地に足の着いたビジネスを展開します。

同時に、**プライベートバンクは日々変動する金融界、マーケットの動向に取り残されないために、インテリジェンス（知識）を最新のものにアップデートしています。進化させる部分は進化させ、変えるべきではない部分は変えずに守る。**激動のヨーロッパ大陸で数百年間、生き残ってきたプライベートバンクならではの、したたかさなのです。

税金などの問題を踏まえると、次世代に資産を継承するためには、着実に運用して増やしていくことも求められます。ただ預け入れ資産を減らさないだけでなく、**将来に備えて着実にパフォーマンスを積み重ねることも、プライベートバンクの特徴なのです。**

次章では、プライベートバンクのサービスについて、「資産運用」の観点から掘り下げます。

第4章

スイス・プライベートバンクでは
どのように顧客の資産運用をするのか

フィデューシャリー・デポジットとは

本章では、プライベートバンクの資産運用の中身について説明していきましょう。日本の金融機関とは異なる仕組みも多く、耳慣れない言葉も出てくると思いますが、一つ一つ理解していただければと思います。

まず、**プライベートバンクの特徴的な点に、顧客から預かった資産を「プライベートバンク名義の口座」で運用するというものがあります。**この業務を、「カストディ業務」と言います。「カストディ」とは、顧客の有価証券を管理することを意味し、管理する金融機関は「カストディアン」と呼ばれます。

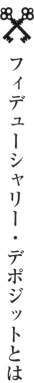

プライベートバンクが顧客から預かった預金が、その後どのように運用されるのかを説明します。日本の銀行では、その預金の多くが日本国債の購入に使われ、リスクにつながっていることはすでに指摘しましたが、そういった心配はありません。

なぜなら、金融機関同士が資金を調達し合う「インターバンク市場」で、他の銀行に貸し付けるという仕組みが構築されているからです。これを、「フィデューシャリー・デポジット（フィデューシャリー預金）」と言います。

インターバンク市場とは、金融機関がそれぞれの信用に基づいて資金を融通し合う「金融機関だけが参加できる市場」です。

通常であれば、一般の投資家がインターバンク市場に参加することはできないのですが、カストディ業務によって口座が個人ではなくプライベートバンク名義になっているため、間接的に参加することができます。

このようにインターバンク市場を通じて預金を運用すると、一般の銀行預金よりも高い利息が支払われます。これが可能となるのは、インターバンク市場では、一般の金利よりも高い金利で信用力のある金融機関に貸し付けを行っているからです。

また、日本の定期預金のように、預金額の範囲内で借り入れをすることもでき、この場合はインターバンク市場の貸し出しレートが適用されます。そのため、一般の銀行預金よりも低い金利で借り入れをすることもできます。

プライベートバンクに預けられた資金のほとんどは、ファンドなどで運用されるため、預金のまま残る金額は少ないのですが、少ない預金も運用パフォーマンスに貢献しているのです。

オーダーメイドの資産保全・運用

日本人である私たちがプライベートバンクで資産を保全・運用するメリットは、「顧客側が具体的なリクエストを出せる」点にあります。

一般的な金融機関では、よくても選択肢が豊富になる程度で、独自のリクエストを出すことはできません。口座を開設したあとに、それぞれの金融機関で取り扱っている金融商品のなかから、資産の運用先を決めるというのが大半です。

例えば、国内銀行であればそこで扱っている預金のラインナップのなかから、証券会社であれば取り扱っている株や投資信託のラインナップのなかから、預け入れ先や投資先を選択します。特に国内銀行を利用して海外の資産で運用する場合には、さまざまな制約があります。

しかし、プライベートバンクでは、そのような決め方をしませんし、制約もありません。

「このくらいのパフォーマンスで運用してほしい」
「それほど増やさなくていいので、リスクを取らずに運用してほしい」

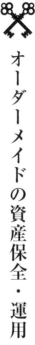

「多少のリスクは覚悟するので、５～６年後には２倍にしてほしい」

このような要望を出せば、要望に合った金融商品を世界中の市場から選んでくれます。もちろん、プライベートバンクごとにキャラクターの違いはありますから、保全に非常に強みを発揮するところもあれば、アグレッシブな運用に定評のあるところ、といったものはあります。しかし、基本的には顧客のオーダーを実現するために、プライベートバンクは手を尽くします。

こうした自由な運用が可能なのは、プライベートバンクには「取扱商品」という考え方がそもそもないからです。一般的な金融機関は、取扱商品のなかでも、特に自分たちが扱う金融商品へ投資させようとします。そうやって、「各種手数料」を全て彼らの利益にしようと考えますから、顧客本位ではないのです。

プライベートバンクは、あくまで顧客の利益を優先することから、基本的に自分のところで金融商品をつくることがありません。資産の運用に関しては、外部の優秀なプロフェッショナルに任せようというのがプライベートバンクのスタンスなのです。

世界中に優れた金融商品がすでにあるわけですから、コストをかけて金融商品をつくるより、顧客の要望にマッチした金融商品を探したほうが合理的です。実際、ピクテなどの大手のごく一部を例外として、プライベートバンクとして、独自で金融商品を開発しているところはありません。

なお、プライベートバンクを利用する場合のコストについては後ほど詳しく説明しますが、彼らが受け取るのは、顧客の運用資産の数%（一般的には1・0%~1・5%）に当たる「年間管理費」がメインです。

顧客の求める「結果」を得られる金融商品を探し、適切な割合とタイミングで売買するのが、プライベートバンクのやり方であり、これが顧客のメリットに直結しています。

「ファンド・オブ・ファンズ」つくりが基本

すでに説明したとおり、プライベートバンクには世界中の金融商品を分析している優秀な「アナリスト」が在籍しています。彼らが顧客の資産を運用するファンドを見つけてくるわけです。

例えば、顧客が「資産の一部を経済成長著しい新興国で運用しよう」と考えたとします。すると、アナリストは世界中のエマージング・マーケット・ファンドのトップ10を探してきます。そこから運用地域や運用スタイルなど、リスクが上手に分散できるファンドを3つか4つをピックアップして、「ファンド・オブ・ファンズ」をつくるのです。

ファンド・オブ・ファンズとは、複数のファンドを組み合わせて一つのファンドにしたもので、アナリストがプロの目でリスクヘッジと分散投資を考えながら組み合わせます。

プライベートバンクの大半が自社の金融商品をつくらず、ファンド・オブ・ファンズに特化しているのは、それが良好な運用成績を安定的に残す上で有効だからです。

ファンド・オブ・ファンズであれば、思惑から外れた場合にはすぐにカット（損切り）することができます。そしてより見込みのある投資先に切り替えます。素早い損切りは、ポートフォリオ運用のみならず、投資全般に当てはまる「鉄則」です。

しかし、自社の金融商品で運用する場合、この「損切り」が遅れてしまうことがあります。なぜなら、少し運用成績が振るわなかったといって、せっかく始めたことを終了させるわけにはいかないからです。

プライベートバンク以外の金融機関は、自社の金融商品を運用するスタイルが主流ですが、彼らが運用成績でプライベートバンクにかなわないのは、この点にあるといえます。**優れたものを使って運用し、よくなければすぐに修正する。こういった「まっとうな資産運用を、スムーズにできる」という点こそが、プライベートバンクの強みなのです。**

「プリミティブ」からの脱却に成功

プライベートバンクによる資産運用についてさらに説明します。

現在は資産運用のスタイルに変化が見られますが、もともとプライベートバンクがどういった資産運用を得意としていたのかを最初にお伝えしたいと思います。

かつて、プライベートバンクは、預かった資産を絵画や金などで運用していました。真偽のほどは分かりませんが、ゴッホの真作がプライベートバンクの倉庫に預けられているといった話を耳にすることもありました。非常にプリミティブ（原始的）な運用であり、よく言えば伝統的な手法にのっとった由緒正しいスタイル、悪く言えば古くさいスタイルだったのです。

すでに説明したとおり、プライベートバンクは傭兵などの財産を守る機能を備えています。そのため、資産を運用して育てるというよりは、保全・継承に重きを置いていたといえるでしょう。

ヨーロッパの歴史は戦争の歴史でもあり、争いの続く環境下で、プライベートバンクはしっかりと顧客の資産を守り続けてきたのです。

しかし、このようなプリミティブな運用スタイルも、21世紀に入り見直しを迫られることとなりました。その理由は、第４章で説明した、ユニバーサル・バンクによる「プライベートバンキング・サービス」の隆盛にあったのです。

ユニバーサル・バンク、特にアメリカの金融機関に顕著なのが、目先のパフォーマンスを求めて、リスクを積極的に取る運用スタイルです。このスタイルは、トレンドの読みが当れば、素晴らしいパフォーマンスを発揮します。

プライベートバンキング・サービスに乗り出したころのアメリカの金融機関は、複数のファンドで派手なパフォーマンスを連発していました。金融機関自身の資産もファンドで積極的に運用していたため、パフォーマンスが好調な間は、金融機関の資産規模もどんどん膨れ上がりました。

こうしたファンドを運用するファンド・マネジャーも、パフォーマンス次第で莫大な成功報酬を受け取りますから、とにかく短時間で結果を出そうとします。「ひと山当てて、あとはリタイアして悠々自適な生活を」というわけです。長期的に安定したパフォーマンスや、子孫への継承などは端から考える必要がなかったのです。


とはいえ、顧客の目から見れば、当時はアメリカのプライベートバンキング・サービスに比べ、スイスのプライベートバンクのパフォーマンスは物足りなく感じられたのでしょう。実際、「こんなパフォーマンスで運用してくれるなら」と、プライベートバンクからアメリカの金融機関に資産を移動させるという動きが増えてきました。

こうしてプライベートバンクは顧客を奪われ、「スイスの運用は古くさい」「運用が下手」という評判も立ち始めました。今では信じられないことですが、そのような時代があったのです。

アメリカ資本のシティバンクが積極的なスタンスで運用利回りを20％も挙げていた時代に、スイスでは利回りが4～5％でしたから、そういわれるのも無理はありません。

こうした一連の経緯は、プライベートバンクに変革を促すこととなりました。

積極的にパフォーマンスを狙う運用

ユニバーサル・バンクによるプライベートバンキング・サービスに顧客を奪われたプライベートバンクは、それまでの保守的な運用スタイルを変更します。具体的には、ポートフォリオの見直しです。

ここでいう「ポートフォリオ」とは、「運用先の組み合わせとその比率」を意味します。資産を複数の投資先に分散して運用する場合、どのようなポートフォリオを組むかによって、期待できるリターンやリスクが変わります。

プライベートバンクは、金や絵画など、それほど価値が変動しない資産を中心とするポートフォリオから、価値がある程度は変動する資産へとシフトさせていきます。そして現在は、保守的な運用に加えて、積極的にリスクを取りながら、高いパフォーマンスを狙うファンドなどを組み入れるようになっています。

こうした方針転換に目をつけたのが、世界中の優良なファンド運用・販売会社です。プライベートバンクでは膨大な資金を運用しているため、この資金を求めてセールスにやってきます。ここから選びぬかれたファンドがプライベートバンクに組み入れられたことから、プライベートバンクは運用面でのパフォーマンスを改善することができ、再び世界中から資金が集まってくるようになったのです。

こうして、資産保全と運用のバランスのとれた、現在のプライベートバンクのスタイルが確立しました。

近年の運用スタイルの見直しによって、以前のプライベートバンクが苦手にしていたアグレッシブな運用でも、プライベートバンクは素晴らしいパフォーマンスを残すようになっています。

ヘッジファンドで柔軟な運用

プライベートバンクが高利回りを追求するときに選択される運用先がヘッジファンドをはじめとするオルタナティブ金融商品です。

オルタナティブ金融商品は、株式や債券、投資信託などの「伝統的な金融商品」とは異なる性質のもので、より高いリスクを負うことで高いパフォーマンスを得ようとする金融商品です。

オルタナティブ金融商品には、ヘッジファンドの他に未公開株やベンチャー企業に投資する「プライベート・エクイティファンド」、穀物や原油などの先物取引に投資する「コモディティ」、金融派生商品などの「デリバティブ」といったものがあります。

これらのうち、代表的なものとしてヘッジファンドについて説明しますが、その前に、伝統的な金融商品に分類される「ファンド」について説明しておきましょう。

ファンドとは、投資のために集めた資金を意味します。この資金が運用され、出資者に分配されるという仕組みです。

一般的に、ファンドには投資方針や運用方法に厳しい制限があります。例えば、日本国内で設定・運用されているファンドは「カラ売り」ができず、許可されているのは「買い」だけです。これでは、投資対象が下落しているときは損が膨らむばかり。バブル崩壊以降、株価が下がり続けている環境下において、「買い」しかできないわけですから、悲惨な結果になるのは目に見えています。

また、運用方針や売買の判断は、複数の人間の総意によってなされることが多く、機動的な売買ができない傾向があります。日本のファンド・マネジャーがもたもたしている間に世界のファンド・マネジャーはとっくに売買に動いていますから、日本のファンドは「高値で買ってしまい、下がった後で売る」といったことになりがちなのです。

さらに、手数料の問題もあります。ファンドは公募方式で広く集められることが多いため、少額からの投資が可能という点はメリットです。しかし、運用成績にかかわらず、販売手数料や管理手数料がファンドの販売・運用会社の収益源になる構造ですから、運用成績よりも、いかに数多く販売するか、が優先されがちです。


一方、ヘッジファンドは、運用方針や運用方法に厳しい規制がありません。これは、ヘッジファンドの大半が金融取引について規制の少ないタックス・ヘイヴンなどのオフショアで設定（登記）されているからです。

したがって、日本のファンドのように「買いしかできない」ということはなく、「カラ売り」もできます。ファンド・マネジャー個人や少人数のチームによる機動的な売買が行われ、運用成績についても絶対的なパフォーマンスで評価される点もメリットとして挙げられます。

ただし、ヘッジファンドは私募方式で集められることが多く、売買はごく少数の富裕層に占められています。ヘッジファンドへの投資額は最低でも1口1億円というのが相場です。しかし、プライベートバンクの顧客であれば、1億円未満の単位であっても、ヘッジファンドをポートフォリオに組み入れることが可能になります。

ヘッジファンドは販売手数料が低く、運用成績に応じた成功報酬の割合が高いのも特徴です。投資家からの要望はもちろん、成功報酬を得るためにも、運用成績が何よりも重視されます。

このようなヘッジファンドについても、**プライベートバンクはリスクを考慮しながら活用し、着実に5～7%の運用パフォーマンスを積み上げてくれます。**

10年足らずで2倍にできるのか

ヘッジファンドの他にも、プライベートバンクではさまざまな手法を用いて顧客の資産を保全・運用します。ここで気になるのがそのパフォーマンスです。

ここまで説明したように、プライベートバンクは顧客の要望に沿って金融商品を選択し、戦略を描きます。そのため、ハイリターンを狙うこともあれば、ローリスクで着実にリターンを積み重ねることもあります。

それでもパフォーマンスの目安としていえるのは、年間で10%前後の運用成績を挙げているものが少なくないということです。もちろん、ファンドによってはその数倍以上のパフォーマンスを挙げているものもあれば、少数ではありますがマイナスになっているものもあるかもしれません。

ただし、こうしたファンドのパフォーマンスは「過去の実績」であっても「将来の約束」ではありません。あらゆる投資にいえる話ですが、これまで年間で10%のパフォーマンスが実現していたからといって、今後も10%のパフォーマンスが実現するとは限りません。

そこで、仮に年間のパフォーマンスを、実際より低めの8%として考えてみましょう。

それでも、複利で運用すれば9年で資産は2倍になります。プライベートバンクに口座を開設し、ヘッジファンドで手堅く運用すれば、あなたの資産は10年待たずに2倍になる可能性があるのです。

今、1億円を持っている人であれば、プライベートバンクに口座を開設し、9年待てばあなたの資産は2億円になります。もし、子供の将来のために数十年運用するとしたら、どれだけの金額になっていることでしょうか。

バイアスのかからない意思決定ができる

バイアスのかからない視点で世界中の金融商品を分析できることも、プライベートバンクの強みです。

プライベートバンクは、各国のマーケットを中立に評価します。そもそもスイス国内の金融マーケットは規模が非常に小さいので、国内で運用するという考えがないのです。ここがアメリカや日本の金融機関との大きな違いです。

例えば、日本では当然のように日経平均株価の動きがニュースで流れ、国内マーケットの情報のほうが自然と多く得られます。そのため、知らず知らずにバイアスがかかってしまう恐れがあります。

日本の金融機関がファンドをつくると、少なくとも30～40％は日本国内のマーケットでの運用に設定するものですが、スイスではそのようなことはありません。それに、仮に自国マーケットで運用したいと思っても、マーケットが小さすぎてそんな資金量を受け入れられないのです。


プライベートバンクの判断は中立的で、アメリカのマーケットがよいと思えばそこで運用し、日本がいいと思えば、資金をそこに移します。その判断は迅速なので迷っているうちに損失が膨らんでしまうようなことはありません。

常にまっとうな判断ができ、行動に反映させられるのはプライベートバンクの強みです。彼らの目的は顧客の資産を安全に運用すること。ただそれだけなのです。

コロナ禍でもプライベートバンクは、まずＳＡＲＳやＭＥＲＳなどの過去の感染症が金融市場にどのような影響を及ぼしたかを分析し、その中で「感染症の拡大が収束に向かっていくと、市場がリバウンドするのは歴史が証明していると判断しました。長い目で見てパニック売りは避けるべきだ」とし、同時にどうしてもコロナショックによって運用に影響が出そうな部分は即座に入れ替えを提案してきました。バイアスがないからこそ、合理的にマクロとミクロの視点から物事を判断できるということは、このような非常時では最大の強みになります。

プライベートバンクでかかるコストは

プライベートバンクを利用したことのない方は、そのコストが気になるのではないでしょうか。ここまでも何度か触れてきましたが、改めて全体を説明しましょう。

プライベートバンクで発生するコストは、次の３つです。

①口座維持手数料
②運用手数料
③売買手数料

では、3つの手数料の意味を簡単に説明しましょう。

①口座維持手数料は、プライベートバンク口座を維持・管理するための手数料です。プライベートバンク口座を持てば、世界中の金融商品にアクセスでき、売買することができます。こうした取引は、法律の制限や許認可など、さまざまなハードルがあるものですが、「プライベートバンク口座」がある種の〝パス〟となって、自由な資産保全・運用が可能となります。

②運用手数料はプライベートバンクが持つ運用ノウハウを提供してもらうためのコストです。顧客のリクエストに応じた運用成績を実現するため、プライベートバンクのアナリストやポートフォリオ・マネジャーが連携してオーダーメイドのポートフォリオを作成してくれます。運用中も運用先のパフォーマンスを常にチェックし、ポートフィリオは随時見直されます。資産運用に関するプロが顧客一人一人のニーズに応えて細かく動いてくれる。そのコストが運用手数料です。

③売買手数料とは、「執行口座」（第6章で説明します）を保有する顧客に対して発生す

るコストで、金融商品などを売買する際の手数料です。顧客が個別に希望する金融商品を売買するときにのみ売買金額に応じた売買手数料が発生します。

日本で投資信託を運用している方は、プライベートバンクの売買手数料の低さに驚かれるかもしれません。日本で投資信託を購入する場合、販売手数料および信託報酬として、平均すると売買金額の5~6%かかります。我々が付き合っているプライベートバンクでは1取引ごとに100フランですので、この売買手数料の差だけでも、プライベートバンクを利用するメリットがあるといえます。

例えば、1億円の資産を預けて年利7%のパフォーマンスが実現したとしましょう。運用によって得られる利益は700万円です。**ここから手数料を引いても500~600万円の利益が残ります。これは日本の金融機関では考えられない数字です。**

日本の金融機関はなぜ手数料が高いのか

リーマンショックのようなことが起こると、「海外は怖い、海外ではだまされる」と感じる日本人がいてもおかしくはありません。

しかし、こうした感覚は、本当に正しいのでしょうか。「資産を保全・運用する」「次世代に継承したい」といった目的に照らすと、決してそんなことはありません。

それは「手数料の高さ」を見ても明らかです。資産を運用する場合、手数料は非常に重要な要素となります。数十年、時には世代を超えて数百年の長期にわたり資産を預けるのであれば、手数料が高ければ、リターンを得られず、最悪のケース、リターンが手数料を下回る「手数料負け」となってしまいます。

それにしても、同じ金融機関であるにもかかわらず、プライベートバンクと比べ、日本の金融機関はなぜ手数料が高いのでしょうか。

その理由を一言で言えば、「最優先事項」が違うからです。

プライベートバンクの最優先事項は、「顧客に損をさせてはいけない」ということです。

当たり前のように聞こえますが、これを最優先事項にしている金融機関がどれだけあるでしょうか。

他の金融機関の場合、全国や各地域に細かく拠点を構築して社会インフラであったというビジネスモデルの違いがあります。

一方、プライベートバンクは本国スイスのオフィスもいたって簡素なものです。世界に拠点を置いているプライベートバンクであっても、スタッフの数は数百人程度。これらの経費は、顧客の資産の管理費と、運用成績に応じた成功報酬で十分に賄えます。したがって、管理費以外に各種の手数料などを設定して、顧客から徴収する必要はないのです。

一時期、日本の大手の証券会社が１０００万円以下の投資家を「ゴミ投資家」と呼んでいると話題になったことがありました。これは、そんな少額では何回も売買をさせられず、手数料を取れないから、という意味なのです。自分たちに寄せた尺度で顧客を見ているのですから、顧客の資産が増えるはずがないでしょう。

コスト面からプライベートバンクと日本の金融機関を比較しましたが、ここに表れているものは、単に金額の違いだけではありません。**プライベートバンクを利用するのは、彼らが顧客のことを最優先に考えてくれるからなのです。**

日本のプライベートバンキング・サービス

日本の金融機関の話題と関連して、「プライベートバンク」と「プライベートバンキング・サービス」の違いについても説明したいと思います。

非常に似た言葉ですが、その中身は大きく違います。「プライベートバンクを利用するつもりが、プライベートバンキング・サービスだった」ということにならないためにも、その違いをはっきりと認識しておきましょう。

日本で「プライベートバンキング」という言葉が取り上げられるようになったのは、2000年代の初頭です。その背景には1998年に起きた、いわゆる金融ビッグバンがありました。個人の資産を海外に持ち出せるようになり、「海外の銀行口座に預金する」「海外のファンドに投資する」といった運用方法が人気を集めたことにより、国内の金融機関は資産家向けのサービスに力を入れ始めます。こうして、プレミアムな金融サービス、という触れ込みで拡大したのが「プライベートバンキング・サービス」でした。

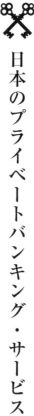

資産家向けのサービスを謳《うた》う点では、プライベートバンクもプライベートバンキング・サービスも変わりません、問題は、サービスの中身が別物ということです。

プライベートバンキング・サービスは、ユニバーサル・バンクが行っている数々の金融サービスのひとつに過ぎません。いわゆる「オールインワン口座」や「ラップ口座」と呼ばれるサービスに毛が生えたようなものといっていいでしょう。いわば、「お任せサービス」です。

ラップ口座の場合、悪名高い「販売手数料」はかからず、年間管理費+成功報酬のところが多いようですから、この部分はプライベートバンクに通じるものがあります。

しかし、ラップ口座は売買手数料がかからないのは事実ですが、無料で何度も売買をしてくれるわけではありません。ポートフォリオの見直しは、大半が年に4回というように回数が決められており、売買ができるのはこのときだけです。しかも、ラップ口座で選択できる金融商品は、ほとんどがその証券会社で取り扱っているものに限定されます。つまり、**ラップ口座は資産運用に利用するには、あまりに不自由な側面があります。**

一方、本家のプライベートバンクでは、ポートフォリオの見直しは随時可能で、年間を通じて膨大な回数の売買が行われることもあります。金融商品は世界中の無数の選択肢が用意されている点も大きなメリットです。

こんなエピソードがあります。プライベートバンクに口座を開設してしばらくたった人が、「どんな運用をしているのか知りたい」ということで、ポートフォリオの売買記録を取り寄せたことがあります。その書類は膨大な量で、非常に細かく売買している様子が報告されていました。

これを見た当人は、「売買手数料目的でひたすら売買を繰り返しているのではないか」と不審に思ったようでした。そこで、「よく考えてみてください。プライベートバンクがいただいているのは年間の管理料だけです。何度売買しても手数料を取られることはありませんよ」と説明しました。その人は「こんなに細かく売買しながら運用してくれているのか」と驚き、最終的に、その対応に感謝していました。

リーマンショックでの失速

２０００年代にユニバーサル・バンクが一斉に打ち出し、一時期は隆盛を誇ったプライベートバンキング・サービスですが、今ではそのほとんどが日本でサービスを提供していません。金融機関ごと窓口を日本からシンガポールなどに移したところも多いようです。これらの金融機関の口座を持つ顧客はまだ日本にいるはずですが、お構いなしです。このような顧客をないがしろにした対応は、本来のプライベートバンクとは、まったく似ても似つかないものです。

プライベートバンキング・サービスを先導していたのは、シティバンクやＨＳＢＣグループなどの欧米のメガバンクです。これを追う形で、クレディ・スイスやＵＢＳ銀行も同様のサービスを始めました。このとき、「本場スイスの銀行によるものだから、間違いないだろう」などと誤解して口座を開いた人もいたと思われます。

しかし、ユニバーサル・バンクによるプライベートバンキング・サービスはサブプライム・ローン問題に端を発するリーマン・ブラザーズの破綻、つまり「リーマンショック」

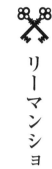

で大きなダメージを負いました。

打って出るのも迅速なら、撤退するのも素早いユニバーサル・バンクは、派手なパフォーマンスのもとになっていたハイリスクなファンドを解散させたり、マイナス運用を続けたりといった状態で、顧客の資産も大きく傷つきました。

派手なパフォーマンスを売りにして台頭したアメリカの金融機関は、そのハイリスクな運用があだになって、一転して大きな損失を計上してプライベートバンクのライバルの座から滑り落ちていったのです。

イケイケドンドンではない堅実な運用

プライベートバンキング・サービスを手掛けていたユニバーサル・バンクが日本を去ったにもかかわらず、日本ではいまだにプライベートバンクとユニバーサル・バンクが混同されている現状は嘆かわしいことです。

プライベートバンキング・サービスを利用した顧客がリーマンショックにより損失を抱えてしまったのは事実ですが、まったく関係のない本家プライベートバンクに対するイメージまで傷がついてしまった部分もあり、これは非常に残念なことだと思っています。
ユニバーサル・バンクが顧客に大きな損失を及ぼし、自らも大きなダメージを受ける一方で、プライベートバンクはしっかり顧客の資産を守っていました。リーマンショックの最中も軽傷で済みました。

これが事実であり、世界の多くの資産家が認識しています。

近年、プライベートバンクがプリミティブな運用から、アグレッシブな運用にシフトしていると説明しましたが、彼らは決して無茶な運用を勧めることはありません。

例えば、このようなことがありました。

２０１８年6月にアメリカの株価指数として知られるＳ＆Ｐ５００が最高値を更新した頃、プライベートバンクのアナリストから「Ｓ＆Ｐ５００が今後18カ月以内に30％下落したら、その分だけ儲かる仕組債をつくったので、これを入れましょう」という提案を持ちかけられたのです。当時は、アメリカの株式市場は好調で、Ｓ＆Ｐ５００もさらに成長するというのが世間的な見方でしたから、驚きました。

そこで、アナリストの言うとおりに9月ごろからポートフォリオを組んだところ、翌月くらいからS&P500が下落を始めたのです。結果として損失を回避し、むしろ3%程度のリターンを得ることができました。

日本の金融機関での運用は「効果が薄い」

日本の金融機関のデメリットは手数料だけではありません。資産の運用利回りも、日本の金融機関と海外の金融機関では大きく違います。

これは、資金の運用成績自体に差があることに加え、その前提となる「利回りの計算方法」が違うからです。日本の銀行は、普通預金こそ複利ですが、定期預金など多くが単利計算となっています。

海外で運用した場合、当然のように複利計算です。海外では、単利計算という考え方自体が、金融商品の仕組みとしては「効果が薄い」と言え、日本の金融機関を利用する人は、知らず大きな損をしている可能性があります。

単利計算と複利計算の違いが、どのような結果を生むのでしょうか。

例えば、1000万円を年利5%で運用したとしましょう。実際にこれだけの運用成績を残している金融商品は国内にほとんどありませんが、そこは目をつぶってください。

年利５％という高いリターンで運用できても、日本国内では単利計算になりますから、10年たってようやく１５００万円です。

しかし、海外では複利計算が基本ですから、10年後には１６２８万円になります。

単利と複利による差は運用期間が伸びるほど顕著です。年利５％の単利計算で運用すると、倍になるまで20年かかりますが、複利計算なら、20年後には２６５３万円になっている計算です。

日本の金融機関のデメリットは、預金者から預かった資金の運用法にも見られます。

第１章で説明したように、日本の金融機関では、預かった資金の大半を日本の国債で運用しています。世界でもトップの資金額を誇るゆうちょ銀行に至っては、７〜８割の資金を国債で運用しているほどです。

これはつまり、日本政府が日本人の金融資産を担保に国債という「借金」を積み重ねていることに他なりません。

このような状況のなかで、日本国債の金利が上昇したらどうなるでしょうか。

日本の国債がいかに危うい状態にあるかということも、すでに説明しました。財政赤字が続き、国内外からの信用性が揺らぐなか、国債金利の上昇は極めて現実的になっています。国債金利が上がれば、日本の金融機関が抱える膨大な国債の価格が暴落して、金融機関の経済が一気に危うくなります。

万が一、金融機関が破綻してしまうと、破綻時の財政状況によってはペイオフが発動し、預け入れている資産は1000万円までしか保護されません。

このような最悪なシナリオが起きる可能性がゼロではないことを考えると、日本の金融機関だけの運用はリスキーといえます。むしろ海外の金融機関のほうが安全性は高いと考えられます。

1億円未満でもプライベートバンクは有効か

それでは、実際にプライベートバンクに資産を預けた場合のパフォーマンスについて紹介しましょう。

プライベートバンクでの口座開設の手順については、第5章で説明しますが、基本的に

１億円が最低の預け入れ金額となっています。これは、運用資金が少なくなると、アプローチできる商品が限られ、バランスの取れた分散投資を実現しづらくなるので、結果的にパフォーマンス面で厳しい結果になりがちといった理由によるものです。

ただし、本人が若い場合や、資産保全・運用に関する考え方、その後の資産増額の見込みによっては、１億円に満たない場合でも道が拓かれる場合があります。例えば医師やビジネスオーナーなど、今後のフロー（収入）が期待できる場合は、少ない資金から口座開設をすることは不可能ではありません。

では、もし運用資金が３０００万円で、プライベートバンクでの運用を希望する場合、どのような選択肢があるのでしょうか。正直に言えば、この金額では選択肢はほとんどありません。この場合、比較的少額の資産家にもサービスを提供している数少ないプライベートバンクに口座を開設します。

我々のお付き合いしているプライベートバンクのなかにも、少額から利用できるところがあります。ただし、１億円以上の資産規模であれば、希望のパフォーマンスをプライベートバンクに伝え、その方針に沿った運用をしてもらえるのですが、１億円に満たない資産規模の場合は、希望するパフォーマンスを設定することはできません。

だからといって、パフォーマンスが振るわないわけではなく、世界中の優良ファンドを組み合わせたファンド・オブ・ファンズで、平均すると年間4％程度のパフォーマンスを実現しています。近年のマーケット環境から考えると、平均的に5％以上のパフォーマンスを継続していけるでしょう。


こうして少額でスタートした資金が、5000万円に達するようになると、運用の選択肢は若干広がります。運用してきたファンド・オブ・ファンズにプラス・アルファの金融商品を組み込むことが可能になるのです。

こうしたプラス・アルファについては、投資家自らがリクエストしてもよいですし、エクスターナル・マネジャーがプライベートバンクとの間に入り、一緒に検討することもあります。

3000万円で運用可能なファンド・オブ・ファンズは、リスクを負った運用を避け、だいぶ保守的な運用スタイルですが、プラス・アルファに関しては、「多少のリスクを負ってもよいので、年9％のパフォーマンスを実現したい」というリクエストを出すこともできます。すると、プライベートバンクの側から、該当するファンドのリストが送られます。

また、顧客のキャッシュポジションが余っている場合は、こちらから要望をしなくても、プライベートバンク側から「このようなファンドを加えてみてはどうか」とレコメンド（推奨）をくれることもあります。

資産をこのような形で複利運用していけば、マーケットの状況にもよりますが、7～10年後には1億円に達します。ここに本人が本業で得た資金を上乗せしていけば、その期間がさらに短くなるでしょう。

こうして**資金が1億円を超えれば、より選択肢が豊富なプライベートバンクのサービスを活用できるようになります。**

1億円以上で10％以上のパフォーマンスも可能

預け入れ資産が1億円を超えるようになると、いよいよプライベートバンクの本来のサービスを受けられるようになります。運用に関する具体的なオーダーが可能になり、プライベートバンクは顧客の要望に沿った運用スタイルやパフォーマンスを実現するために、オーダーメイドのポートフォリオを作成し、運用してくれます。

資金額が大きくなるということは、それだけリスクを取った運用も可能になるということを意味します。1億円というある程度まとまった金額で、リスクを分散したポートフォリオを作成することで、より高いリスクの商品を組み込める、というわけです。

資金5000万円程度では、リスクを取った運用であっても、狙えるパフォーマンスは年間で5～7％ですが、1億円を超えると年間10％ものパフォーマンスを狙うことも可能です。当然、運用面だけでなく、第6章で説明する相続や事業承継の際にも、プライベートバンクならではのサービスを提供してもらえるようになります。

ただし、前述のとおり、プライベートバンクは「投資好きな人」には向いていません。例えば、さまざまな投資セミナーなどに参加して、自分で金融商品を見つけることに喜びを感じるような人です。そうした知識によりプライベートバンクのアナリストを振り回すと、かえってパフォーマンスが悪くなる恐れがあります。

プライベートバンクは、非常に優秀なアナリストをそろえていますから、金融商品探しや分析は、彼らに任せるのが最善と言えます。世界でもトップクラスのアナリストに仕事をさせないのは、もったいない話ではないでしょうか。

そもそも、アナリストたちは、顧客が提案する金融商品、特に新規のものを敬遠したがる傾向があります。彼らにとっては、分析しようにも分析する材料がなく、そのような商品をポートフォリオに組み入れて運用に悪影響が出てしまうことを懸念しているのです。

このような「投資好きの人」には、プライベートバンクではなく、ユニバーサル・バンクのプレミアムアカウントのようなものが向いているでしょう。例えば、香港のHSBCでは、預金額1000万円以上なら証券取引が可能な口座を開設でき、こうした口座を利用して、さまざまな金融商品に投資していくのが、合っているかもしれません。

法人もスイス・プライベートバンクを利用

プライベートバンクは、個人で利用することはもちろん、法人として利用することもできます。

法人であっても、個人と同じサービスを受けられますので、例えば会社の余剰資金を運用するときなどにはメリットが期待できます。個人よりも法人のほうが資産規模は大きいため、より効率的に資産を育てることもできるでしょう。

また、日本の税制は個人にかかる税と、法人にかかる税はルールが異なるため、節税面でより有利なスキームを取り入れることが可能となります。

ただし、口座を開設するにあたって、登記簿謄本や定款、印鑑証明書などを英語で用意する必要があり、英文テキスト化や、英文の各種証明書を認証する専門家への依頼が必須となります。


現状、日本の法人で、その資産をプライベートバンクで管理するケースはまだ多くないと考えられます。

これは、かつては日本の金融機関でもそれなりのリターンを得ることができたからです。しかし、もはやそのような時代は過ぎたことはすでにお伝えしました。銀行とのお付き合いがあるため、多額の日本円を預けている会社もあると思いますが、いま一度考え直す時期に来ているのではないでしょうか。

プライベートバンクによる独自のサービスを、個人の資産家はもとより、法人としても活用してみてはいかがでしょうか。

コンシェルジュサービスを有効活用する

プライベートバンクのサービスについて、その中心となる資産保全・運用の面から説明してきましたが、これだけにとどまるものではありません。

例えば、子供の進学や就職、旅行の際のアテンドなどが挙げられます。ある顧客から聞いた話では、オックスフォードやハーバードなどの名門大学へ進学できるよう、なんらかの助言をもらえることもあるようです。

繰り返しますが、**プライベートバンクにとって大きな目的は、資産の継承です。**顧客の子供は将来の相続者であり、将来の顧客です。教育面でのバックアップは、立派な顧客になってもらうための、プライベートバンク側の戦略でもあるのです。

預け入れ資産が10億円クラスの顧客になると、観光でスイスを訪れるときには、チューリッヒやジュネーブの空港に降りた直後から、リムジンでのアテンドを受けられます。予約困難な人気レストランの席を確保したり、アルプスの絶景ホテルを手配したりといったことは希望さえすれば、ほぼ全て実現します。イタリアでオペラを観たり、パリの美術館をガイド付きで巡ったりといったことも可能でしょう。セレブとしてのおもてなしが受けられます。

プライベートバンクの手厚いサービスは、旅行のときだけではありません。例えば、顧客の本業に関連して、「国際税務に関してのアドバイスが欲しい」というような場合は、プライベートバンクのネットワークでエキスパートを紹介します。

海外移住に際しても、プライベートバンクは大いに助けてくれます。スイスへの移住はもちろん、カナダやオーストラリアなど、スイス以外の国への移住に関しても、手続き面などをフォローしてくれます。

本書は、日本の居住者を頭において説明をしていますが、**今後は海外移住も想定してプライベートバンクの利用を検討する人が増えていくでしょう。**

例えばポルトガルでは富裕層を誘致し、一定額の投資をすることを条件に居住権を与えています。フランシスコ・ザビエルの時代からポルトガル人は来日していたこともあり、親日家も多いことで知られています。現地の食事も日本人に合っているようですから、いい選択肢になるかもしれません。一定額の投資が必要となりますが、ポルトガルの居住権を取得し、長く住めば国籍の取得も不可能ではなく、ＥＵ加盟国なので、ＥＵ国内の行き来が自由になります。

また、一定期間外国からの所得が課税免除のため、ポルトガル以外の国で資産を運用するなどして収益を得て、ポルトガルに送金をすれば税金がかかることもありません。例えば、５億円をプライベートバンクに預けて７％で運用すれば年間３５００万円の収入で生活をすることができますから、相当贅沢ができそうです。

海外移住をするとき、海外の情報を自ら調べるのは大変ですが、プライベートバンクは資産運用に連動させながら、具体的なアドバイスをしてくれます。これはプライベートバンクならではのサービスです。

プライベートバンクがサポートできない領域

説明してきたとおり、プライベートバンクは顧客の資産保全・運用においては優れたサービスを提供しますが、一つ弱点があります。

それは、「日本の税制」に関して、直接踏み込んだアドバイスをしたり、税務申告を代理したりすることができないという点です。

日本では、税理士法の規定によって、次の業務については税理士資格を持つ税理士や公認会計士、弁護士しかできないルールになっています。

①税務代理：税務調査を受けた場合の対応代理など
②税務書類の作成：税務申告書等の作成代理
③税務相談：税務申告等の作成や税額の計算などについて相談に応じること

したがって、こうしたサポートを希望するのであれば、税理士事務所や税理士法人を頼る必要があります。

例えば、プライベートバンクを利用してファンドの売却益が出た場合や配当を受けた場合、プライベートバンクに預けた資産を相続する場合など、税務申告が必要となる場合は少なくありません。そういった意味では、プライベートバンクを利用する際、税理士と連携しているエクスターナル・マネジャーに依頼するとスムーズです。

そこで、第５章からは日本の税制も踏まえながら、プライベートバンクを活用する具体的な方法を説明します。まずはその全体像を押さえ、専門家の支援を受けるようにしてください。

第5章

スイス・プライベートバンクに資産を預ける手順と運用までのプロセス

プライベートバンクの口座開設の手順

プライベートバンクのさまざまなサービスを活用するための第一歩は、口座を開設することです。しかし、プライベートバンクは、一見《いちげん》さんお断りとなっています。**信用できる人の紹介がなければ、絶対に口座を開けません。**そもそも必要な書類は英語で書かれているので、よほどの英語力がなければ日本人一人でやりとりをすることもできないでしょう。

そこで必要となるのがエクスターナル・マネジャーです。

資産運用と保全の両方を希望している顧客で、相応の規模の資産があり、その人物の信用性にも基本的な問題がないと判断できた場合、エクスターナル・マネジャーは、プライベートバンクの口座開設に必要な手続きを開始します。

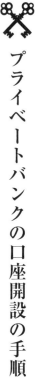

プライベートバンクの口座開設手続きは、基本的に書面で行います。最近ではインターネットで口座開設手続きの大半を済ませられる金融機関も多くなっていますが、プライベートバンクはこうした利便性には積極的ではありません。

プライベートバンクから最初に送られてくる書類には、口座開設に際しての質問事項がいくつかあります。その内容は次のようなものです。

・資産規模（資産総額と預け入れを希望する金額）
・資産の内訳（現金、株式、不動産などの比率）
・職業
・家族構成
・過去の投資経験（株式、ファンドへの投資、海外金融機関での運用の有無など）
・運用目的（希望する運用パフォーマンス、資産継承時の希望など）
・リスク許容度（安全重視か、リターン重視か）

当然ながら、こうした情報は正しく伝えなくてはいけません。虚偽の情報を記入すると、口座が開設できなくなります。このようなことがあればエクスターナル・マネジャーの信用も落ちてしまいますから、エクスターナル・マネジャーはしっかりと審査を行うこととなります。

このため、エクスターナル・マネジャーを経由すると、それだけでもプライベートバンクからの信用を得やすくなり、口座開設もスムーズに運びます。直接プライベートバンクに申し込むのではなく、エクスターナル・マネジャーにまずコンタクトを取ることをオススメします。

エクスターナル・マネジャーは、希望者がプライベートバンクに口座を開設するのが適当なのかをヒアリングなどで審査するとともに、他により適した資産運用方法があれば、別の方法を提案することもあります。

誰でも口座を開けるわけではない

プライベートバンクに口座を開設する際、エクスターナル・マネジャーを経由した場合であっても、必ず信用調査が行われます。

例えば、現役の政治家や外交官は、ご本人がクリーンであれ、ダーティーであれ、口座開設はできません。国家機密に関わっている人のお金を、プライベートバンクが受け入れることのリスクを避けるためです。

また、金融スキャンダルなどの前科がある人も開設できません。こういった事件に関しては、プライベートバンク側も独自リストを持っていますから、仮に本人以外の家族などの名義を使ってごまかそうとしても、簡単にばれてしまいます。

なお、日本からスイスのプライベートバンクの口座を開くことは可能ですが、今後については注視する必要があるでしょう。

すでに、アメリカ国籍の顧客は海外のプライベートバンクに口座を開設できません。これは、アメリカ国内の法律で規制されているためです。法の抜け穴を突いて口座を開設しようとするアメリカ人もいますが、当然、プライベートバンクはそうしたリスクがある顧客と取り引きをしません。したがってスイスのプライベートバンクの場合、アメリカ国籍の顧客の口座開設を拒んでいます。

日本も、これに近い動きをしています。段階的に手を打ちながら、最終的にはプライベートバンクが日本人の資産を受け入れない方向にもっていきたいという意向を感じます。なぜなら、国内の資産が海外に出てしまうよりも、日本国内にあったほうが課税しやすいからです。国外財産調書やCRSなどにより、以前より把握されやすくなったとはいえ、「あらゆる抜け道を塞ごう」と日本政府が考えれば、プライベートバンクの利用にメスが入る可能性もゼロではありません。

こうしたアメリカなどの政府の動きは、「脱税防止」という美名のもと、国民の資産に大きな負担を負わせようとしているように思えてなりません。

プライベートバンクの口座開設に必要な書類

口座開設に際しての質問に回答すると、いよいよプライベートバンクから口座開設書類が届きます。この書類はすべて英文で書かれた非常に分厚い書類で、詳細な説明事項や注意事項が記されています。いわば、プライベートバンクとその顧客になる資産家との間で交わされる契約書といってよいでしょう。

これらの文書を理解するのは困難であり、ましてや英語がそれほど得意でない人にとっては非常に大変です。そんなときには、エクスターナル・マネジャーが、内容の説明を行いながら、記入のアドバイスをします。

ただし、**これらの書類の翻訳文書などを作成することは、プライベートバンク側が一切認めていません。**これは、訴訟時のリスクが絡むためです。

したがって、プライベートバンクとのやりとりに関しては、翻訳業者などに依頼するのではなく、マンツーマンで書類作成のケアができるエクスターナル・マネジャーに一任することが望ましいといえます。

近年はこれらの書面のやりとりのなかで、顧客のTax Identification Number（納税者識別番号。通称ＴＩＮ）を聞かれるようになっています。日本人の場合は「マイナンバー」が該当します。これから口座を開こうとする人はもちろん、すでにプライベートバンクに口座を持っていた人も、マイナンバーを報告する必要があります。

「執行口座」と「一任勘定口座」の違い

日本の銀行に普通預金口座や積立口座などがあるように、プライベートバンクの口座にもいくつかの種類があります。

まず、口座の名義による種類としては、顧客個人のみの単独口座、複数で口座を共有する共同名義口座の２種類です。共同名義口座の場合は、名義の登録が３人まで認められます。

さらに、プライベートバンクで希望する運用方法によって、「執行口座」と「一任勘定口座」に分けることができます。

「執行口座」とは、自分で運用方法やその配分を決定するタイプの口座です。この口座では、口座の名義人である本人が、資産の運用方法を指示する必要があります。

例えば、「資産の3分の1をヘッジファンドで運用、残りを債券ファンドと現金預金に」といった指示をすると、プライベートバンクがそれに該当する金融商品のなかからパフォーマンスの優れたものを選択するという流れです。また、名義人本人が希望すれば、個別の金融商品を指定することも可能です。

一方、**プライベートバンクに運用を全面的に任せる「一任勘定口座」を利用すると、プライベートバンクのノウハウを活かしながら、手間なく資産運用をすることができます。**

名義人は希望するパフォーマンスを伝えるだけで、後はお任せでプライベートバンクが動いてくれます。もちろん、「パフォーマンスはゼロでもよいので、とにかく資産を保全すること」というリクエストでも問題ありません。しかし、プライベートバンクでは一般的に日本人へは執行口座でのアドバイザリー契約を勧めております。この理由については、おそらく日本に支店を持たないプライベートバンクが一任勘定口座で運用を行うことに対するリスクヘッジだろうと考えられます。

プライベートバンクは、顧客のリクエストを実現するために世界のあらゆる金融商品を駆使して資産を運用します。

アドバイザリーサービスを利用した執行口座での運用であっても、一任勘定口座であっても、よほどのことがない限り、年間で3～8％くらいのパフォーマンスの実現が期待されます。運用成績は、まさにプライベートバンクの存在意義に関わることであり、顧客をつなぎとめておくためにも、プライベートバンクは運用成績を上げようと必死に努力します。

プライベートバンクに口座を開設し、運用することとは、「本業に集中したいから、運用はお任せしたい」といったニーズにぴったりです。顧客がやることとは、定期的に報告書をチェックし、必要に応じて追加の送金をするくらいですから、まさにプライベートバンクがパートナーとして活躍してくれます。

ただし、**日本人がプライベートバンクの口座を運用する場合、プライベートバンクは投**

資の判断について、その都度、顧客の了承を得なくてはならないルールとなっています。

これは日本の法律の規制によるものです。

本来、一任勘定口座のように完全にお任せで運用してもらえたほうが効率的なのですが、そのメリットが一部阻害されてしまいます。プライベートバンクの担当者も、「日本だけは面倒だ」と言っていましたが、日本は規制でガチガチに固められて、資産運用に制限が加えられることに問題を感じます。

プライベートバンク口座への送金

口座開設書類へ記入し、書類をプライベートバンクに送付すると、記入に不備がない限り、口座開設の手続きは完了です。次に、預け入れ資金をプライベートバンクに送金します。

以前は、海外への送金は日本国内では大手の都市銀行しか行っておらず、送金に際して高額な手数料がかかっていました。最近ではネット銀行など、新興の銀行が格安の手数料と柔軟な通貨選択を打ち出しているので、各行の海外送金を研究し、コスト節約に取り組むのもよいでしょう。

海外送金のコストを調べるときは、送金元の銀行に支払う手数料に加えて、受け取り銀行への中継を担当する銀行、さらに資金を受け取る銀行が、それぞれに手数料を徴収します。これらの手数料は、銀行によって大きく異なるため、慎重に選択する必要があります。

ここも、エクスターナル・マネジャーのアドバイスが非常に有効になる部分です。エクスターナル・マネジャーにとって、プライベートバンクへの送金は何度も関わっているものであり、さまざまな助言が得られるでしょう。

なお、海外送金に関しては、昨今のマネーロンダリング防止法などによって、かなりチェックが厳しくなっています。送金先の銀行はもちろん、資金の内容、受取人の詳細、何のための送金なのかなどを細かく質問されます。

さらに、税務署からも海外送金について後日チェックが来ることも考えられるため、事前に対応できるように情報を整理し、証拠となる書面なども適切に保管しておくようにしましょう。

また、プライベートバンクに預ける資金は、細かく出し入れしないことが前提の資金である必要があります。なぜなら、プライベートバンクには、使い勝手の悪い部分もあるからです。そもそも、プライベートバンクにキャッシュカードはありません。当然、ATMも存在しません。口座を開設して資金を送金したからといって、少額の現金を出し入れすることは好まれません。日本の銀行の普通預金とは違うということを理解しておいてください。

まとまった額の現金であっても、日本に戻してもらうには、運用内容によっては出金に時間のかかる場合があります。例えば、預け入れ資産の大半をファンドなどの金融商品で運用しているような場合、金融商品を売却して現金化する必要があり、すぐに出金できません。目安として、流動性の高い金融商品に投資していると1000万円の現金を指定口座に送金してもらう場合は、3~4日かかると思っておくとよいでしょう。

普段の生活に必要な資金などは別の銀行に預けておき、プライベートバンクには不要不急の資金を預けて〝お任せ〟しておく。そういった意味で、**プライベートバンクは「銀行」というよりも、運用して増やすこともできる、優れものの「金庫」と考えたほうがよいのではないかと思います。**

国外財産調書を提出する場合

第1章で説明しましたが、プライベートバンクに資金を送金した場合、「国外財産調書」の提出が必要となる可能性があります。

あらためて説明をすると、国外財産調書とは、その年の12月31日時点で5000万円を超える国外財産を保有する日本居住者は、翌年の3月15日（休日の場合は翌日）までに国外財産調書を税務署に提出しなくてはならないという制度です。この調書に、提出者の氏名や住所、マイナンバー、国外財産の情報などを記載して提出することとなります。

なお、国外財産の「価額」は、その年の12月31日における時価や見積価額によることとされ、同日における外国為替の売買相場により邦貨換算して判定することになります。したがって、プライベートバンクに億単位に上るような資産を預けていた場合、毎年12月31日時点の情報に更新して提出しなくてはなりません。

国外財産調書の提出を怠ったり、記載漏れがあった場合には、その国外財産に関する所得税や相続税の申告漏れに対するペナルティーが厳しくなります。

ＣＲＳが実施されるようになった今、税務当局は国外財産調書の提出漏れを把握しやすくなっています。ＣＲＳから多額の国外財産を持っていることを把握された人物が国外財産調書を提出していなかったとしたら、税務調査が行われるリスクも高まります。したがって、**リスクヘッジのためにも、国外財産調書は忘れずに提出するようにしましょう。**

口座開設後のフォローとするべきこと

口座開設の手順から運用スタートまで、一連の流れはイメージしていただけたと思います。プライベートバンクによるフォローはここから本格的にスタートします。

まず、プライベートバンクは、資産の運用状況を報告する「運用報告書」を定期的に届けてくれます。この書類は、国外財産調書を提出する際にも活用できるでしょう。なお、送付のサイクルは運用内容によって違いますが、四半期または半期に一度のペースが一般的です。リクエストがあれば、毎月報告書を送ってもらうことも可能です。

プライベートバンクからの連絡は、このようなペースですが、顧客の側からはいつでもコンタクトを取ることができます。このときはメール、ＦＡＸ、電話など、都合のよい方法を取ることができますが、やりとりは英語が基本となります。

１年に１回は、プライベートバンクの担当者と直接顔を合わせる機会も設けられます。担当者が顧客のもとを訪れて、資産の状況を報告してくれるため、この際に、ポートフォリオの見直しや、運用スタイルの変更などを相談することになります。通常はエクスターナル・マネジャーもこの場に同席し、通訳をこなします。

なお、ポートフォリオの見直しは、担当者が来日したときに限定されません。１０００万円を超える金額の売買に関する指示は、口座名義人のサインが必要になりますが、１０００万円以下の指示であれば、メールや電話などですぐに行うことができます。

このように、顔を合わせる機会が限られていることも、ある意味でメリットといえるのではないでしょうか。

日本の金融機関では、特に富裕層に対する営業が少なくありません。中には忙しいからと断っているのに、「土日でもいいから時間をとってほしい」といった電話が来ることもあります。

プライベートバンクは、そもそも担当者が遠方にいますし、ちょうどいい距離感で付き合ってくれますので安心です。

また、仕事が忙しい時期など、プライベートバンクとのやりとりが面倒であれば、エクスターナル・マネジャーに任せることももちろんできます。エクスターナル・マネジャーは、プライベートバンクとの橋渡し役ですから、どのような付き合い方を希望されるのかを伝えれば、そのように配慮されます。

プライベートバンクから現金を引き出せるのか

プライベートバンクにはキャッシュカードがなく、クレジットカードの決済口座にも使えないため、「いざというときに使えないのでは」と心配されるお客様もいます。

東日本大震災を経験した私たちは、改めて日本が災害リスクの高い国であることを実感しました。危機的状況に直面し一時的にでも日本を離れて生活をしたいと考える人もいるでしょう。そうしたとき、プライベートバンクはどのように対応してくれるのでしょうか。

例えば、海外にいるときに日本で金融パニックが起きるほどの大きな災害が起こったとします。日本の金融機関に資産を預けている場合、その災害の規模によっては、しばらくの間、預金を引き出すことはできません。

しかも、海外で日本のクレジットカードが使えなくなる恐れもあります。ＶＩＳＡやアメリカンエクスプレスならしばらく可能でしょうが、日本の金融機関が機能停止するほどの事態に陥った場合、いつまで利用できるか疑問です。

そんなとき、プライベートバンクが役に立ちます。窓口で数時間ほど待てば、**その日のうちに３００万円くらいであれば引き出すことができるからです。**

説明したとおり、通常、プライベートバンクで金融商品を運用している場合の現金化には数日かかります。しかし、顧客に特別な事情がある場合は、３００万円ほどの現金であれば、当日の払い出しに対応してくれるのです。このとき、ドルやユーロで受け取ることも可能なので、当面の生活に不便はなくなるでしょう。

プライベートバンクが今日まで生き残ってこられたのは、リスクへの対応が優れているからに他なりません。その成立から戦争や災害など、不測の事態に備える仕組みがあるので、利用者にとっては心強いのではないでしょうか。

海外資産を取得した後の税金

プライベートバンクに送金すると、その後、さまざまな金融商品によって運用されることになります。この時に関係してくるのが、税金の問題です。

ここで、日本の税制の原則について、説明しておきたいと思います。

日本の所得税法では、個人の納税義務者を「居住者」と「非居住者」に大きく分けてルールを設けています。居住者とは、国内に「住所」を有する場合、もしくは現在まで引き続き1年以上「居所」を有する個人をいい、これに当てはまらない場合は非居住者として取り扱われます。

住所や居所の判断は裁判で争われるほど微妙な問題をはらんでいますが、簡単にいえば、生活の本拠が日本にあったり、日本で居住を続けていたりする個人は、居住者に該当します。

そして、国内にある資産の運用などで生じる所得を「国内源泉所得」といい、国外にある資産などから生じる場合は「国外源泉所得」と区分されます。

注意したいのは、日本の居住者の場合、国内源泉所得だけでなく、国外源泉所得についても課税されるという点です。つまり、**海外で資産を運用したとしても、居住地が日本である限り、日本の税金から逃れることはできません。**たとえ日本国籍がなくとも、日本に暮らし日本で所得を得ている外国人は、日本に税金を納めなくてはなりません。

こうした日本の税制の考えを「属地主義」といいます。

ちなみにアメリカの考え方は、日本とは対照的です。それは、「アメリカ人である限り、どこで暮らし、どこで所得を得ていようと、税金はアメリカに納めなさい」というものです。この考えを「属人主義」といいます。アメリカ人である限り、どこまでもアメリカの納税義務は追いかけてきます。

ここにきて、日本もこの属人主義に転換しつつあります。その布石が「非居住者になるためのハードルを上げる」ことなのです。

例えば、外国に１年の半分（１８３日）以上滞在している場合であれば、非居住者として扱われると思われるでしょうが、そうとは限りません。もし１年の間に数カ国にわたって転々と移動したとしても、「生活の本拠は日本にある」と判断されて、居住者として納税を求められることもあるのです。

このような複雑な判断が絡むため、プライベートバンクを利用する場合は、税理士とも協議し、最適なタックスプランニングを構築しておく必要があるでしょう。

海外で納めた税金は外国税額控除で差し引き

居住者がプライベートバンクを利用して資産を運用すると、それが国外源泉所得に当たる場合であっても確定申告を行う必要があります。

つまり、国外で課税された所得も含めて、日本でも申告をして納税をしなくてはならないということです。いわゆる「二重課税」の状態が生じます。

このとき、確定申告の際に「外国税額控除」を使うことで、二重課税を解消することができます。外国税額控除とは、居住者が外国の所得税を納付する場合に、その税額のうち一定額を、日本の所得税の額から差し引けるというものです。

なお、この限度額は、次の計算により求められます。

外国税額控除限度額＝その年の所得税の額×（その年の国外所得総額／その年の所得総額）

控除しきれない外国税額控除がある場合、翌年以降３年間の繰り越しも認められます。

このように二重課税を解消する制度があることを考えると、国外資産を運用する場合、「その国の税金が安いか」ということを考えてもあまり意味がないことが分かります。

まずは「その国の資産の運用パフォーマンスは高いか」を重視するのが合理的です。

プライベートバンクで資産を売却した時の税金

プライベートバンクのポートフォリオを見直す際、それまで運用していた株式や債券、ファンドなどを売却して、別の資産に買い換えることがあります。このときも、日本で確定申告をした上で税金を納めることが必要です。

国内の証券会社を通じて取り引きをした場合は、特定口座を通じて税額を源泉徴収してもらうことができますが、**プライベートバンクを利用する場合は特定口座を利用できないため、必ず確定申告が必要になります。**

この時、外国で納付した所得税があれば、忘れずに外国税額控除も申告をしましょう。

また納税は日本円でなくてはならないため、あらかじめ確定申告と合わせて準備をしてお

く と安心です。いずれにしても、計算根拠となる書類がなければ税額を計算することができませんから、プライベートバンクの報告書などを保管しておきましょう。

なお、プライベートバンクで運用する際のデメリットがあります。一つは上場株式を売却して損失が出た際の取り扱いに関するものです。

日本の金融機関を通じて上場株式を売却して損失が生じた場合、上場株式の配当所得と合算するか、翌年以後3年間にわたって繰り越し、この期間内に利益が出た場合に合算することができます。しかし、海外の金融機関を通じて売却した場合はこれらの取り扱いがありません。また、FXの差金決済の取り扱いも、国内金融機関を通じて行う場合と扱いが異なります。プライベートバンクを利用するときは、このような違いも踏まえておきましょう。

プライベートバンクの資産の相続時の税金

プライベートバンクで資産を運用している個人が亡くなった場合、一般的にその資産は相続人に引き継がれることになります。このときに生じるのが相続税です。

図8　国内外の資産への課税

	日本の登録機関を通じて海外資産に投資を行う場合	海外の登録機関を通じて海外資産に投資を行う場合
上場株式の譲渡損失と上場株式に係る配当所得との損益通算	○	×
上場株式の譲渡損失の3年間の繰越控除の特例	○	×
FX差金等決済損益	分離課税 一律20.315% 3年間の繰越控除　○	総合課税 累進税率(15.105~55.945%) 3年間の繰越控除　×

居住者に対する課税は全世界所得が対象であるため、国内資産・海外資産にかかわらず基本的には同じですが、国内の金融機関ではなく海外の金融機関を通じて海外資産に投資を行う場合には、上記の税制上のデメリットがあります。

相続税と、生前贈与を受けた場合に課せられる贈与税（以下、相続税と贈与税を合わせて「相続税等」）の場合、被相続人と相続人などの組み合わせによって、取り扱いが変わります。このうち、「制限納税義務者」に該当する場合は、国内財産のみが課税対象になるのですが、その他は国外財産も含む被相続人の全財産に対して課税されます。

一見、海外に置いている資産であれば、相続税の対象ではないと思われるかもしれませんが、そうではないということがお分かりいただけたでしょうか。国外財産に対する課税から逃れるには、被相続人と相続人がともに10年以上国外に住所を置くか、相続人が日本国籍を捨てる他なく、現実的ではありません。

現在、日本の相続税の税率は10%から55%となっています。一応、課税価格の合計額が基礎控除額（法定相続人の数×６００万円＋３０００万円）以内に収まれば相続税の申告は必要なくなりますが、プライベートバンクを利用するような方は、確実に相続税の申告が必要になると考えておいていいでしょう。

「武富士事件」がもたらしたこと

相続税などの規定は、以前はここまで厳しいものではありませんでした。

そもそも平成12年度の税制改正前は、日本国内に住所を有していなければ、たとえ日本国籍であっても、国外財産は相続税などの課税対象にはなっていなかったのです。

以来、相続税などの納税義務者の判定については改正が重ねられました。

こうした改正は、海外移住やキャピタル・フライトによる税逃れに対する財務省の危機意識があったと考えられますが、特に影響したと考えられているのが、いわゆる「武富士事件」です。

事件が起きるきっかけは、消費者金融として知られる武富士の創始者が、香港に在住する長男に海外法人の株式を生前贈与したことにありました。

当時の相続税法では、海外の居住者が国外財産を贈与や相続で取得した場合、課税対象外とされていたため、当然ながら長男は贈与税の申告をしませんでした。

ところが、この事実を把握した税務当局は、約1300億円の贈与税を申告しなかったと判断し、贈与税の決定処分を下します。つまり贈与税を半ば強制的に課したのです。この処分の根拠とされたのが、「住所」の解釈にありました。

税務当局側は、「香港の住所は税法上の住所ではなく、長男の住所は国内にある」と主張をしました。この判断の根拠については複雑なため説明を割愛しますが、税務署としては「香港は税逃れのための仮の住所」という判断をしたことになります。

贈与税の決定処分を受けた長男は、処分を不服として訴訟を提起しました。この訴訟は最高裁まで持ち越され、最終的に、2011年2月に長男の勝訴が確定しました。「長男の住所は国外（香港）にある」と判断されたため、当時の法律では長男は贈与税を申告・納税する義務はない、という結論が出たことになります。

図9　納税義務者の改正点

■改正前

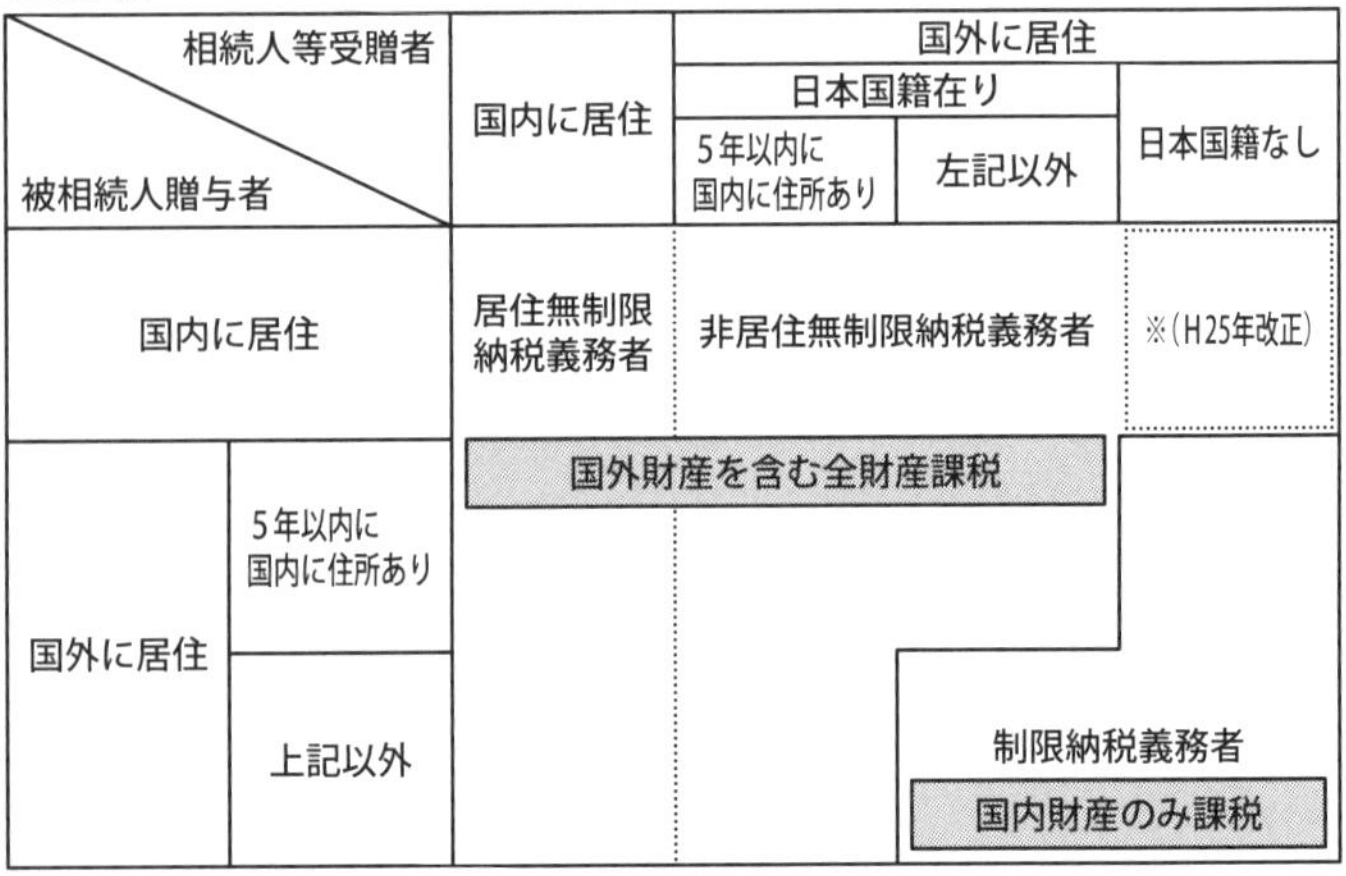

■改正後

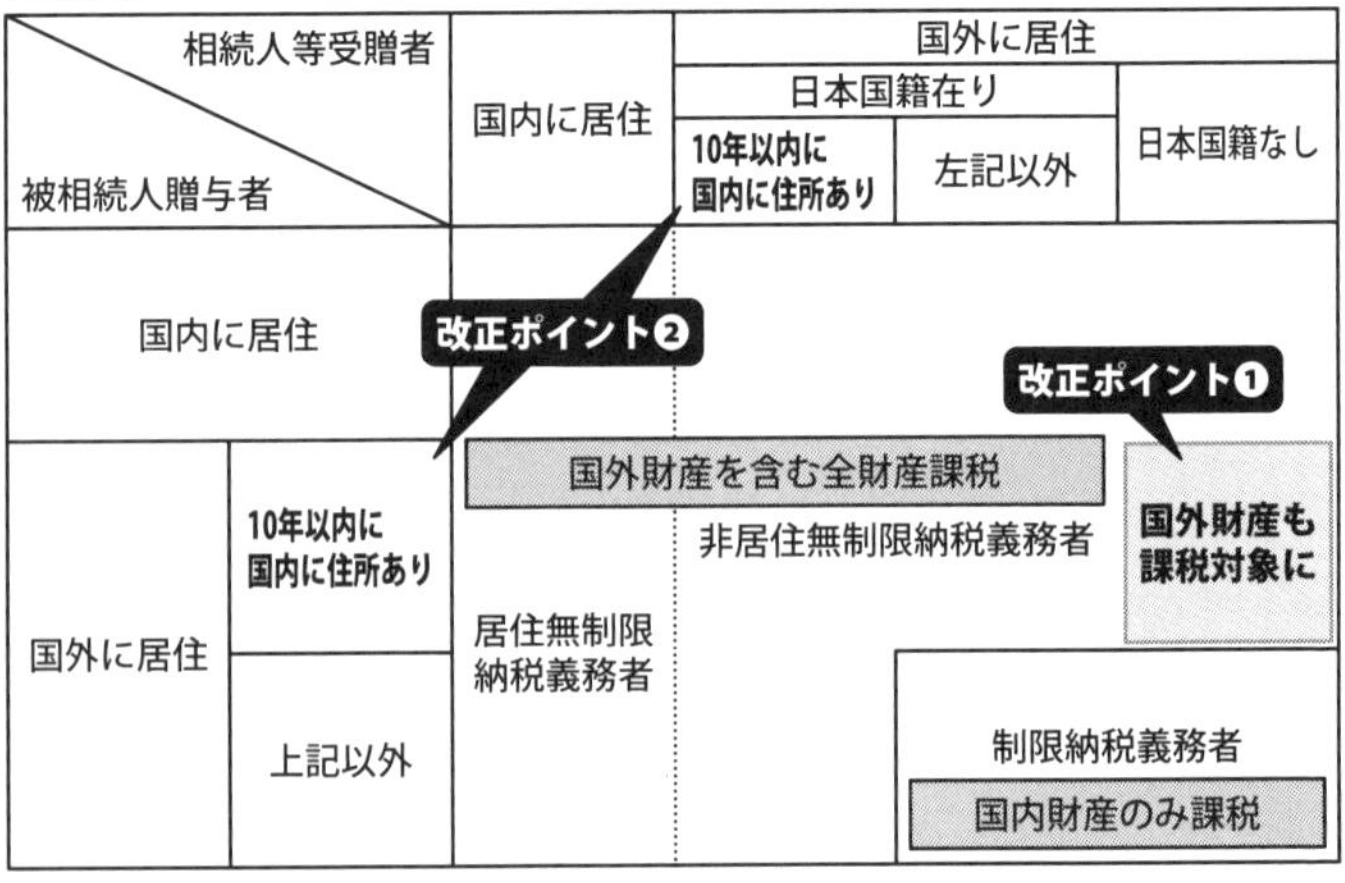

このように、武富士事件そのものについては、国は負けたわけですが、これら一連の訴訟が行われている間に、財務省は国外居住者や国外財産に対する相続税や贈与税の締め付けの強化を始めました。こうして、今のような相続税などのルールになったのです。場合によると、**今後もさらなる改正がなされ、国外財産への課税の網の目が絞られる可能性も十分に考えられます。**

プライベートバンクは脱税を指南しない

日本の資産家にとって、相続税は大きな問題です。

したがって、資産を安全に継承するには、相続税についても考える必要があり、プライベートバンクはこの点も踏まえて運用を考えます。

このときに誤解されがちなのが、「相続税をうまく逃れるノウハウを提供してもらえるのでしょう」ということです。あたかもプライベートバンクが脱税指南をしてくれるかのように思われているのです。

しかし、プライベートバンクは顧客の資産継承をしっかりサポートしてくれますが、脱税の手助けをすることはありません。顧客が相続の過程で争うことのないように、**スムーズで賢明な相続を実現するためのノウハウを提供しているのです。**

そして、それぞれへの相続が無事に完了したら、彼らが受け継いだ資産を減らしたり、なくしたりすることのないよう、運用・活用できるアドバイスをします。こうして、プライベートバンクは顧客個人ではなく、顧客の一族のパートナーになっていくのです。

税金のグレーゾーンは確かに存在します。世の中には、法の穴を突くような方法を提案するアドバイザーもいることでしょう。しかし、無理な方法でいったん税金を減らせたとしても、税務当局から否認されるリスクは常につきまといます。しかも、通常は取らないような行動をすると、脱税行為とみなされ高額な追徴税が課されることも考えられます。

相続税に限らず、あらゆる税金は〝適切に〟申告・納税すべきものです。多すぎてもいけませんし、少なすぎて税務処分を受けるのも問題といえます。

資産継承こそプライベートバンクの強み

プライベートバンクの真の目的は「資産を安全に次の代に継承すること」です。資産を運用して増やすことは、そのプロセスに過ぎません。プライベートバンクは、目先の運用成績が目的の金融機関とは、この点において異なります。

顧客も、プライベートバンクには他の金融機関とは異なる期待をしています。顧客だけではなく、顧客の家族全体、さらには子孫までを視野に入れます。なぜなら、顧客から預かっている資産を、顧客本人はもちろん、彼の子供や孫、その後の代まで、しっかりと管理するのが彼らの使命だからです。

栄枯盛衰を繰り返してきた金融機関の中で、**プライベートバンクが数百年の歴史を刻んできているのは、このように顧客から預かった資産を、着実に継承し続けてきたことの証といえます。**戦乱の地であったヨーロッパ大陸で、長年資産を守り続けてきたノウハウこそ、プライベートバンクの最大の武器なのです。

第6章

プライベートバンクを用いた効果的な相続・事業承継

相続・事業承継は「早く動く」ことが大切

本書もついに最後の章となりました。

ここでは、次世代に資産を継承する上でのノウハウをお伝えします。相続や生前贈与を行う時や、会社の事業を後継者に引き継ぐ時、税金や権利関係の整理など、さまざまな問題が起きるものです。ここで失敗をしてしまうと、それまで培ってきた資産が毀損されることになりかねませんから、しっかりと準備をしておく必要があります。

相続や事業承継対策に「ウルトラC」はありません。

プライベートバンクを使い、優秀な専門家を頼ったとしても、短時間で一挙に解決できる問題ではないのです。

例えば、**「相続税対策として生前贈与制度の弾力的活用」があります。また、相続税の対象となる自社株についても対策が必要です。**

しかし、こうした方法を使えるのは、「相続までの時間」がある人に限られます。望ましいのは、プライベートバンクの資産運用で得たリターンで納税資金を準備しながら、同時に相続税を引き下げる対策を重ねていくことです。そのためには、少なくとも20年程度の時間が欲しいところです。

残されている時間が少ないからといって、急いで相続対策を行うことはオススメできません。例えば、財産を隠すような行為があれば脱税行為とみなされ、税務当局から重加算税や延滞税といった追徴税を課されてしまいます。慌てて節税用の保険や不動産などを購入したにもかかわらず、想定外にリターンが少なく、最終的な手残りが減るようなこともあるかもしれません。

きちんと**時間をかけて準備をすれば、しっかりとリターンを確保しながらも、合法的に相続税の負担を減らすことは可能です。**

生前贈与で相続税の対象資産を減らす

相続税対策として、もっともシンプルなものは「生前贈与を使う」というものです。

相続税は、相続開始日（通常は被相続人が死亡した日）の時点における財産に応じて計算されます。そのため、生前贈与によって、あらかじめ被相続人から相続人などに資産を移転しておけば、その分相続税を少なくすることができます。

ただし、生前贈与を行うと贈与を受けた人に「贈与税」がかかることに注意してください。相続税対策のためには、**「できるだけ贈与税をかけずに生前贈与をする」ことがコツ**です。

親から子へ、または祖父母から孫へ生前贈与を行う場合、「暦年課税」と「相続時精算課税」という2つの計算方式があり、いずれか一方を選択できます。まずは、原則的な方法である暦年課税について説明しましょう。

暦年課税は、年間110万円を超える贈与を受けた場合に、その超えた部分に対して贈与税が課されるというものです。税率は贈与額に応じて10〜55%と定められています。

したがって、極めてシンプルな相続税対策を考えた場合、毎年110万円の贈与を行うということが考えられます。これを毎年繰り返せば、少しずつ相続財産が減り、相続税対策になりますし、贈与税もかかりません。

しかし、年間110万円という枠は、プライベートバンクを利用するような資産家にとってはあまりにも少ないといえるでしょう。また、相続開始前3年以内の贈与については、相続税を計算する際に加算されることも注意が必要です。

そこで**ひとつの方法として考えられるのは、「贈与税の特例」を使う**というものです。

例えば、住宅取得資金のために平成27年1月1日から令和3年12月31日までの間に、父母や祖父母など直系尊属から贈与を受けた場合、年間110万円に加えて、最大3000万円の非課税限度額が加わります。非課税限度額は、贈与を受けた年や、住宅が省エネ住宅かといった条件によって異なりますが、うまく活用できれば大きな節税につながります。

この他、夫婦間で自宅や、自宅の取得資金の贈与を受けた場合に使える、2000万円の「配偶者控除」や、父母や祖父母などから教育資金の一括贈与を受けた場合の非課税（最大1500万円）といった制度もあることから、生前贈与を行う場合は検討されるとよいでしょう。

値上がりする資産に有効な相続時精算課税制度

暦年課税の非課税枠は基本的に年間110万円です。しかし、相続時精算課税の場合、非課税枠が2500万円に設定されているため、一度に大きな金額を贈与する場合には便利かもしれません。

ただし、相続時精算課税は、暦年課税に比べ、いくつかの注意点があります。まず、**2500万円の非課税枠は、「年間」ではなく、「生前贈与の累計」に対して設けられている**という点です。2500万円の非課税枠を使い切れば、一律20％の贈与税が生じます。

例えば、令和元年に相続時精算課税を使って2500万円を贈与したとすると、令和元年分の贈与税は非課税です。しかし、令和2年に30万円を贈与すると、すでに非課税枠は使い切っているため、贈与額の20％に相当する6万円の贈与税を納税しなくてはなりません。ひとたび相続時精算課税を選択すると、同じ贈与者からの贈与については、暦年課税に切り替えることは認められないため、その後は年間110万円の非課税枠を使うことはできません。

相続時精算課税の最大の注意点は、2500万円の非課税枠を使った分を含め、相続税の計算に加算されるという点にあります。例えば2000万円を生前贈与して、贈与税はゼロにできたとしても、その2000万円が相続財産に加算されて、相続税の計算が行われるのです。

ここで、「相続時精算課税は、相続税対策にならないのでは」と思われたのではないでしょうか。しかし、やり方によっては一定の節税効果を期待できます。

それは、「将来値上がりする財産」を生前贈与する場合です。

例えば、令和2年に2500万円分の自社株を生前贈与して、相続時精算課税で申告をしたとしましょう。この10年後に相続が発生した場合、たとえその株式が6000万円に値上がりしていたとしても、相続財産に加算されるのは、あくまで2500万円です。

そうすると、生前贈与をしなかった場合と比べて、相続税の課税価格は3500万円分少なくなりますから、節税効果があります。

ただし、逆に「値下がりする財産」を生前贈与するのに相続時精算課税制度を使うと、かえって税負担が重たくなってしまいます。すでに財産の価値は下がっているにもかかわらず、高い頃の価額をもとに相続税が算定されるからです。

相続時精算課税制度を利用する時は、どのような財産を贈与するのかを慎重に決める必要があります。

親族への事業承継で注意するポイント

相続の問題を特に時間をかけて考えておかなくてはならないのが、事業承継をする経営者です。経営者の場合、自社株を後継者に引き継ぐこととなるため、相続税や贈与税はもちろん、経営を安定して継続させるための工夫が求められます。

事業承継に向けた対策が難しい理由の一つには、「後継者」という不確定要素を抱える点にあります。

誰を後継者にするのか、いつ事業を引き継ぐのか、といったことを決めなければ、遺産分割に向けた意思決定ができず、税対策も進めることができません。

現在、日本の経営者の平均年齢は60歳以上とされ、そのうち6割程度が後継者不在とされていますから、今後、事業承継に頭を抱える経営者の数は飛躍的に増えていくでしょう。

後継者を決めるとき、「お金の問題」が障害となることは少なくありません。例えば、**自社株を引き継ぐことにより、多額の相続税が課せられる可能性がありますが、ここで納**

税資金が不足することが考えられます。

「なんで会社を継ぐのに、お金を払わないといけないの」

そのような声が、後継者の方、もしくは後継者の配偶者の方から聞かれることもあるでしょう。

儲かっている会社であれば問題ないと思われるかもしれませんが、相続税を負担するのは、自社株を引き継いだ個人です。むしろ、業績の良い会社の株式は高い金額で評価されますから、相当な税額が生じることになります。これを会社ではなく、後継者個人が納税しなくてはなりません。しかも、自社株は気軽に売れるものではありませんから、納税資金が不足する事態に陥りがちです。

このようにお金の問題が絡むことで、子供が後継者になると決意したとしても、その家族から反対が出ることも考えられます。家計の不安が高まり、会社の個人保証も引き継ぐことになれば、「借金も税金も増えた」という気持ちから、強硬に反対されることもあるでしょう。

こういった意味からも、**事業承継を行う場合、スムーズに後継者を決めるためにも、あ**

らかじめ相続税の問題の対策を行う必要があります。こうした問題をおざなりにして、いきなり後継者を選ぶと、結局ふりだしに戻ってしまうかもしれません。

事業承継への備えが不十分な経営者

2代目や3代目の社長の場合、すでに事業承継を経験し、相続税の負担の重さも肌で感じているため、比較的、事業承継の備えができているようです。これは「資産を守る」という意識によるのでしょう。

しかしながら創業社長の場合、「資産を守る」というより、「資産をつくっていく」というマインドでこれまで経営を続けてきただけに、事業承継への意識が希薄ということが見受けられます。そもそも、自分が経営から退くという場面を想像するのが難しいのかもしれません。

少ない元手で事業を始め、会社の資金繰りや事業運営のことだけを考えてきたわけですから、相続税の問題の大きさを理解するのも簡単なことではないでしょう。

だからこそ、自社株の評価額を知り、相続税がどれくらいかかるのかを知ることが大切です。しかも、できるだけ早くから準備を始める必要があります。

前述した暦年課税の非課税枠を使って相続税対策をするには、できるだけ長い年数に分けて生前贈与を行うと効果的ですが、目の前に相続が迫る状況では、そのような方法を使うことができなくなります。数千万円、ときには数億円単位に上る自社株の評価を下げるのは簡単なことではないので、対策が間に合わずに、相当な相続税がかかることにもなりかねません。

最初にやるべきは財産・債務の把握

将来の相続や事業承継に備える上で、**まずやらなくてはならないのが「資産状況の把握」です。**所有する財産や負債によって、取るべき戦略がまったく変わるからです。

極端な話、財産の金額が相続税の基礎控除額以内に収まっていれば、相続税がかかることはありません。申告も納税も不要となるため、相続税について考える必要はなくなります。

しかし、基礎控除を超える場合、相続税が生じるため、これを踏まえて、生前贈与や遺産分割などを考えることになります。そして、遺産の多寡によって、相続税対策に向けた戦略も変わるものです。

今回のコロナにより、自社株評価にも大きな影響を与えます。より高額な評価額になることもあれば、より低額な評価額になることも考えられます。過去の例からも、このような状況下では自社株の評価は大きな変化を行うため、財産の評価をしっかりと確認しておく必要があります。

現状を把握し、戦略を決めるには、少なくとも1年程度は時間が必要です。このとき、プライベートバンクで資産を一元管理していれば、国外財産の把握が容易になり、相続に向けた準備をスタートしやすくなるでしょう。

また、財産に加え、「負債」も明らかにしておく必要があります。

家族であっても、自分の借金については知られたくないのが人情ですが、これを隠したまま相続が起きると、後から問題になるかもしれません。

特に、財産よりも債務が多いような場合、裁判所で相続放棄や限定承認といった手続きをすることで、財産を超える債務を引き継ぐような事態を避けられます。しかし、相続放棄と限定承認の手続きには原則として被相続人が亡くなって3カ月という期限があるため、やはりできるだけ早く負債の情報も把握する必要があるのです。

とりわけ、経営する会社の借金を、社長が個人保証しているような場合、そのことを相続人だけで把握するのは難しいでしょう。保証債務も、相続人が引き継ぐことになるため、あらかじめ相続人に対して伝えておく必要があります。

末永く企業を残すには遺言も重要

財産や負債の確認が終わったら、遺言を残すことをオススメします。遺言書に自らの意思を記しておけば、相続人間の遺産争いなどのトラブルを避けることができます。後継者となる相続人に自社株を相続させるように指定しておけば、事業承継もスムーズに運ぶでしょう。

2018年の相続法の改正に伴い、自筆証書遺言を作成するとき、従来は自筆が要件となっていた財産目録をパソコンなどで作れるようになりました。署名や押印は必要となるものの、以前より簡単に自筆証書遺言を作成できるようになっているため、積極的に活用したいところです。

ただし、**遺言書を作るにしても、できるだけ相続人などの関係者の間で、概《おおむ》ねの方向性をすり合わせておくようにしましょう。**

なぜなら、関係者が納得しない遺言があった場合、その後の関係性悪化につながる恐れがあるからです。例えば、自社株を後継者に相続させたことに対し、他の親族から物言いが付いたり、訴訟を提起されたりすれば、被相続人が思い描いた事業承継が実現されないことにもなりかねません。

もちろん、相続権を持つのは遺言で指定された人や、遺留分のある相続人ですから、権利の上では関係のない人もいるでしょう。例えば、後継者の妻などが挙げられます。しかし、こうした関係者の考えによって、後継者の行動が変わる可能性もありますから、ある程度関係者を広く捉えて事業承継を考える必要があります。

さらに、相続には必ず、「続き」があるものです。被相続人から相続人に財産が移転した後、その相続人が死亡した場合に生じる「二次相続」のことも考えておいたほうがいいでしょう。

せっかく後継者に自社株を引き継いだにもかかわらず、その後の相続で自社株が分散すると、経営の安定が損なわれるリスクがあります。**事業承継は長いスパンで戦略を練るべきものです。**遺言書を作成するときは、そうした影響も踏まえておく必要があります。

遺留分の問題を加味して相続財産を調整する

遺言書を作るとき、または遺産分割協議を行うときには、「遺留分」のことも頭に入れておかなくてはなりません。

遺留分とは、相続人に法律上保障された、一定割合の相続財産を指します。「最低限相続できる相続財産」と考えてください。

遺留分の割合は相続人の構成によって変わりますが、例えば相続人が妻と長男、長女という場合、次の割合で遺留分が認められます。

妻：4分の1

長男：8分の1
長女：8分の1

したがって、たとえ遺言により「全ての財産は長男に相続させる」と書いたとしても、妻や長女は遺留分に相当する財産を請求することができます。このことを「遺留分減殺請求」と言います。

事業承継の場面で遺留分が問題になるのは、「相続財産のほとんどが自社株」といったケースです。経営権を分散させないためにも、基本的に自社株は後継者に集中して相続させるのが望ましいのですが、そうすると遺留分の問題が生じてしまいます。

例えば、相続財産20億円のうち、自社株が19億円だった場合、残りの財産を他の相続人に分配したとしても、遺留分の額には不足します。

こうした場合、「代償分割」という方法があります。これは、価値の高い財産を相続した相続人が、その代わりに他の相続人に対して金銭（代償金）を交付するという方法です。ただし、代償金を支払えるだけの金銭がなければ、この方法も取れなくなります。

さらに、遺留分を算定するとき「基礎となる相続財産」の計算で揉める可能性もあります。相続税の計算においては、原則として国税庁による財産評価基本通達により株式の評価計算を行いますが、遺留分の計算において相続税の評価を用いなければいけないというルールはないのです。

したがって、相続税を計算するときは3億円と評価した自社株が、「6億円の価値がある」と判断され、その分、遺留分を多く支払わなくてはならない事態も考えられます。

遺言がない場合は事業承継はより困難に

事業承継のためには、会社経営の安定や税対策も踏まえて、遺言書を残すことが望ましいです。しかし、経営者が急死をしたような場合、遺言がない中で事業承継を行わなくてはならないケースもあるでしょう。

この場合、相続人の間で遺産分割協議をまとめることになりますが、ここで揉める可能性があります。「故人の遺志」がはっきりと残されていないだけに、それぞれの考えが折り合わないかもしれないからです。

例えば、相続人が長男と長女という場合で、10億円の資産価値のある会社の株式を、会社を引き継ぐ長男が相続することになったとしましょう。

このような場合、長男や家族からは「相続税がかかるし、会社経営の負担が増えるから、現金も欲しい」といった主張が出るかもしれません。これに対して、長女側からは、「お兄さんが10億円分も株を相続するなら、残りは全部譲ってほしい」ということになるでしょう。

長男側から見れば、引き継ぐ自社株と、他の相続財産は意味合いが異なるものです。しかし、長女側の視点に立てば、単なる金額上の問題になってしまうため、相続争いとなってしまいます。

しかし、相続人同士の争いを避けるために、自社株を相続人の間で平等に分ければいいかというと、これも問題です。

事業承継のセオリーからすると、自社株を半分に分けることはおすすめできません。株数は会社の権利に直結するため、スムーズな意思決定がなされなくなる恐れがあるからです。また、さらに未来の相続まで考えれば、株主がどんどん増え、関係性も薄くなっていくことから、ますます意思決定に支障をきたす可能性もあります。

そのため自社株については生前に対策を取っておくことが重要になるのです。

日本の事業承継税制のリスクとは

相続に向けた節税策を施してもなお、**相続税が高く納税が困難になる場合も起こりえます。そうしたときは、「事業承継税制」がひとつの選択肢になります。**事業承継税制とは、「中小企業における経営の承継の円滑化に関する法律」に基づき、都道府県知事の認定を受け、一定の要件を満たした場合に納税が猶予されるものです。

納税猶予を受けている期間中は、相続税などの納税が必要なくなり、さらに一定の要件を満たした上で、さらに次の後継者へ承継すると、納税猶予を受けた税額の免除を受けることができます。

事業承継税制については、２０１８年から10年間限定の新しい特例措置が誕生し、使い勝手が向上しています。例えば、従来からある事業承継税制（一般措置）は自社株の３分の２までの株数に応じた税額のみが猶予対象だったのですが、特例措置では全株式が対象

となっています。

また、一般措置の場合、雇用の平均が相続時の雇用の8割を下回った場合も猶予を解除されるなどの制限も設けられています。この点、特例措置については、雇用の8割を下回った場合も、必要書面を税務署に提出することで、納税猶予が継続されるルールになっています。

このように、特例措置が誕生したことで、事業承継税制の使い勝手は向上していますが、それでも気を付けるべきことは少なくありません。

まず、**事業承継税制を受けるには、自社株を継続して保有する必要があります。**そのため、**自社株の一部でも売却したり、会社の代表権を有しなくなったりすると、すぐさま納税猶予が解除されることとなります。**

納税猶予が解除されれば、猶予されていた税額に加えて、利子税が加算されてしまいます。例えば他の人に代表権を渡したくなっても、税負担がネックとなり頓挫するリスクが考えられます。

納税猶予は、あくまでも「猶予」です。事業承継税制を使って仮に5億円の相続税を猶予されているとしたら、これは国に対して5億円の借金をしているのと同じことを意味します。しかも猶予期間はときに何十年というスパンとなり、その間には利子税が加算されるわけですから、活用する際には事前の検討が重要です。

従業員への承継は必要資金がネックとなる

親族に後継者が見つからない場合、会社の事業を知る従業員に継ぐことも可能性として挙げられます。

しかし、こちらもそうスムーズに事が運ぶものではありません。

まず前提として、優秀な社員であっても、経営者としての素質があるとは限らないからです。

経営者は、事業そのものの運営の他にも考えなくてはならないことが多くあります。取引先との関係性や、資金繰り、採用など、それまでの従業員としての仕事をはるかに超える量の仕事に責任を持つことになります。

しかも、最近は少なくなってきたとはいえ、会社が金融機関から借り入れをする際、経営者の個人保証が求められることもあります。つまり、会社が傾けば、個人の財産が差し押さえられる可能性もあり、そこまでの覚悟を持って後継者になってくれる人材は、そうはいないでしょう。

さらに、会社の株式を引き継ぐ場合の贈与税や相続税にも注意が必要です。なぜなら、親族に引き継ぐ場合に役立つ贈与税や相続税の特例措置が、親族以外に引き継ぐ場合はほぼ使えないからです。

例えば、２５００万円の非課税枠がある贈与税の相続時精算課税制度は、父母から、または祖父母から孫への贈与以外には使えません。したがって、将来の自社株の株価上昇を見越して従業員に生前贈与をしようとしても、相続時精算課税制度の非課税枠を使うことはできないのです。

贈与税や相続税の負担を避けるには、「従業員に対して自社株を売る」という方法が考えられますが、こちらも難しい問題があります。自社株の売買を行う際、時価よりも著しく低い価格に設定をすると、買い主には贈与税がかかりますから、これを避けるには時価に近い金額で売買を行う必要があります。

しかし、そうした売買を行うにせよ、買い取るだけの資金を持つ従業員がどれだけいるでしょうか。

相続税や贈与税の問題を避けられたとしても、株式を買い取る資金の問題が新たに生じてくるわけです。中小企業の事業承継にはこのような問題が絡んでくるのです。

M&Aで承継する場合に注意すること

次に、M&Aによる事業承継の可能性も考えてみましょう。

一昔前であれば、「会社を売りませんか」などと提案しようものなら、大きな抵抗がありましたが、近年はM&Aに対する抵抗感が薄れ、仲介する企業も活躍しています。

M&Aは事業承継を考える上で、外すことのできない選択肢のひとつであり、このオプションによって、幅広い対策を行うことができます。

今回の新型コロナウイルスの影響により、M&Aは増加すると想定できます。これからの時代にはひとつの事業だけでの生き残りが厳しいことがコロナの体験を通じて感じることです。そのような時代に向けて、より大きな規模で、より広い範囲で事業を展開していくことが求められます。そのための手段としてM&Aは非常に有効であるといえます。

会社を売るときの原則は、「好調なうちに売る」ということです。当然ながら、業績のいい会社のほうが、悪い会社よりも高く売れるからです。

もし業績が悪化し、債務超過のような状態になると、ほとんど売値が付かないこともありえます。**会社を売るタイミングの違いだけで、売値に数億円単位の差が出ることもあるため、M&Aを行うかは早く判断し、やると決めたらすぐに動くことが大切です。**

このときも、アドバイザー選びが重要です。

不動産の売買と同じく、M&Aにも仲介業者がいます。この仲介業者は、売り手側と買い手側の双方を兼ねるケースもありますが、できれば売り手側の対応をする仲介を入れることをお勧めします。そのほうが、結果的に良い条件で売買が成立するからです。

また、**交渉にあたっては、「退職金」の扱いもポイントとなります。** 退職金については、勤務年数に応じた「退職所得控除額」を差し引いて税金を計算することができるため、税負担を低く抑えることができます。

キャッシュの多寡で対応策が変わる

結局、**事業承継をスムーズに進める最良の方法は、「あらかじめキャッシュを蓄えておく」ということに尽きます。**

億単位の財産を持つ資産家の場合、相続税や贈与税をゼロにすることは難しいですが、あらかじめ納税額に相当するキャッシュがあれば、慌てることはありません。企業経営に制限がかかる事業承継税制の猶予の解除に備えることもできます。遺留分への対応などにおいても有利になるでしょう。

また、十分な資金があれば、自社株を買い取るという方法を使うこともできます。この場合、適正な価格で買い取った方には税金はかからないため、税金の問題をクリアすることも可能なのです。

そのためには、本書でお伝えしてきたように、プライベートバンクを活用して、資産を着実に増やしていくことが有効です。

また、企業オーナーは、事業から退く際に、一般的に退職金を受け取りますが、これを資金にしてプライベートバンクで運用すると効果的です。

この退職金を、30年ほどの時間をかけて運用すれば数倍にすることも不可能ではありません。老後の豊かな暮らしを満喫しながらも、ある程度の資産を残せるはずです。

こちらも、いずれ相続する時期が来たときには、相続人に分配されますから、納税資金などに使うことができます。

引き継ぎはタイミングと第三者を交えて

事業承継において悩ましいのは、「いつ経営権を渡すか」という点にもあります。これは当事者の考えによるもので、答えがあるものではありませんが、基本的には「できるだけ迅速に」という点がポイントになります。

極端な場合ですが、「生きている限りは経営権を渡さない」というスタンスでは、事業承継の準備をする時間がありません。さらに、経営を引き継ぐ後継者の立場からすると、ある日いきなり全権を任されるよりは、ある程度は先代経営者の伴走があったほうが心強いでしょう。

事業承継を円滑に運ぶには、経営者が元気なうちに事業からスパッと退き、後は基本的

に後継者に任せるという方法が基本となります。 先代経営者は、相談役や会長として、アドバイザー的な立場をとりながらも、経営に関する意思決定は後継者が行うのです。

とはいえ、バトンタッチのタイミングや方法を当事者だけで進めるのは難しいかもしれません。繰り返しになりますが、相続や事業承継は、家族の感情が絡む問題ですから、当事者だけでは意見がまとまらない恐れがあるからです。

そうした場合、第三者によるアドバイスを受けるのが望ましいでしょう。**事業経営や税金、法律問題など複雑な要素を踏まえつつ、アドバイザーと相談しながら「全体最適」を構築していくのです。**

このときアドバイザーとして考えられるのが、プライベートバンカーや税理士、弁護士といったエキスパートです。

ただし、こうしたアドバイザーを頼るときには、「事業承継」に強い人を選ぶ必要があります。前述のとおり、プライベートバンクでは伝統的に相続や事業承継も踏まえたアドバイスをすることができますが、税理士や弁護士については、その専門性を確認しておく必要があります。

例えば、会社の法人税を長年お願いしている税理士がいたとしても、その方が相続税法や事業承継に詳しいとは限りません。金融機関や保険会社などもアドバイザーになるかもしれませんが、彼らもそれぞれの領域からソリューションを提示してくれるものの、それが全体最適の観点からは誤りということもありえます。

事業承継は、数十年単位で考える必要があり、事業運営や税金など、さまざまな問題が絡むものです。ましてや、プライベートバンクを活用し、グローバルに資産を運用し、継承するのであれば、より高い専門性が求められます。

こうした要素を兼ね備えた**アドバイザーを見つけることも、事業承継を成功させる大きな要素といえます。**

信頼できるアドバイザーを見つける方法

海外の資産運用や相続、事業承継において、アドバイザーの存在は大変重要です。基本となるのは、プライベートバンクのエクスターナル・マネジャーと、国際税務に強い税理士、国際法務に強い弁護士といったところでしょう。

気を付けなくてはならないのは、中にはまがいものが混ざっている、という点です。

「プライベートバンクとの橋渡し役を引き受けます」という人物は、エクスターナル・マネジャーの他にも結構いますが、彼らの手口は非常に巧妙です。そのスタイルも多様なので、一概に「これは怪しい」と断言するのは困難ですが、**信頼できるアドバイザーを見つけるには、いくつかの条件に目を向ける必要があります。**具体的には、次の7点に注目するとよいでしょう。

①特定の組織に縛られることのない、独立した存在であるか

特定の組織との利害関係を持っていたり、特定の組織に所属していたりする場合、その人物は顧客ではなく、組織のために動く可能性が高くなります。また、提供・紹介できるサービスも、特定の組織で扱っているものに限定されてしまいます。

②オフショアの金融市場や金融商品の知識を持っているか

いくら日本の金融商品についての知識があっても、経済成長が見込めない国である以上、パフォーマンスを期待することができません。したがって、オフショアの金融市場や金融商品の知識を持つアドバイザーに頼る必要があります。こうした知識は、顧客の要望に沿った仕事をしているアドバイザーであれば、当然備わっているものです。

一方、悪徳な業者は、顧客の資産を預かるまでが「仕事」です。そのあとの運用に関しては、まったく責任を持とうとしないので、知識も蓄積されるわけがありません。

③日本に拠点を置き、株式会社として事業を継続しているか

中には日本国外に拠点を置くアドバイザーもいますが、責任を追及する際に、逃げられてしまうリスクが高いと考えられます。万が一の事態が発生した場合、責任の所在を明確にするためにも、日本国内で、しかも会社組織として事業を行っていることが重要です。日本に拠点を置き、長く事業を継続しているアドバイザーは、信頼性が高いといえます。

④クライアントの利益を重視してくれるか

悪徳な仲介者は、しばしば相手の恐怖感や危機感をあおって、自分の希望する方向へコントロールしようとします。彼らは当初こそ、クライアントの意向を汲み取るポーズをしますが、間もなくクライアントの利益を無視するようになります。自分の希望にどこまで誠実に対応してくれるのか、実現するためにどれだけの行動を起こしてくれるのかは、非常に重要なチェックポイントです。

⑤プライベートバンクなどの優良な金融機関との信頼関係が築けているか

エクスターナル・マネジャーの仕事は、プライベートバンクからの信頼があって初めて成り立つものです。プライベートバンクのような優良な金融機関との信頼は、のちの資産運用結果にも大きく影響します。彼らとの信頼関係によって、富裕層のみが手にできる情報や金融商品にアクセスすることができるのです。

⑥海外での長期間の生活経験、実務経験があるか

エクスターナル・マネジャーを介在させることで、英語に自信のない方であってもプライベートバンクを利用することができます。しかし、語学力だけではアドバイザーとして十分とはいえません。海外の金融機関との窓口となるアドバイザーは、海外での実務経験が必須です。プライベートバンクの顧客の場合は、相続や海外移住を視野に入れている場合も多いので、海外での生活経験もアドバイスの際には必要となります。

⑦専門的な資格を持っているか

金融のスペシャリストであることを証明する国際的な資格を持っているかどうかも、大切なポイントです。悪徳業者は、こうした資格を持っていませんから、見分けるポイントとしてはわかりやすいかもしれません。

アドバイザーが保有する資格として、代表的なものは、MBA（経営学修士ファイナンス専攻）、CFP（国際的なファイナンシャル・プランナーの資格）、CFA（国際的な投資プロフェッショナルの資格）などです。さらには、国際税務に詳しい日本の税理士や弁護士などと連携するアドバイザーであれば、万全の体制といえます。

信頼できるアドバイザーを見つけ、本書をよりよい人生を送るための一助として欲しいと思います。

第６章
プライベートバンクを用いた効果的な相続・事業承継

あとがき

『なぜ、富裕層はスイスにお金を預けるのか』を上梓してから、5年あまりの月日が流れました。

当時懸念していた問題は、今や多くの日本人の目にも明らかになっているのではないでしょうか。膨れ上がる国の債務、少子高齢化による人口減少、富裕層をターゲットとした増税、事業承継問題――。さらには、予想さえできなかったことですが、新型コロナウイルスにより日本経済はさらに打撃を受けるでしょう。

こうした中、やはり必要なのは、「資産を守る」という意識であり、そのための支援であることをあらためて確信しました。本書をお読みいただいた方にも、今の日本人にとって、スイスのプライベートバンクがお役に立てるということを、ご理解いただけたのではないでしょうか。

「赤信号、みんなで渡れば怖くない」という言葉がありますが、日本人の気質を実によく表していると思います。今は、日本人の多くが未来に不安を感じながらも、「何とかなるだろう」「誰かが助けてくれるだろう」というスタンスで生活しているように感じられます。

しかし、赤信号を渡っているときに車が突っ込んできたらどうなるでしょうか。「みんなが渡っていたから……」などと言っても、受けた損害が回復することはありません。

日本社会のリスクが高まっている今、何よりも必要なことは、行動を起こすことです。本書では、そのための解決策として、プライベートバンクを紹介しました。

スイスのプライベートバンクが今日まで生き残ってこられたのは、何より「生き残って、継承すること」が最大の目標であったからです。今日までの激動を生き延びてきたノウハウは、必ずや私たちの財産を守ってくれるでしょう。

後は、実践あるのみです。

私たちは、税務や事業支援、税対策など、より幅広い領域からお客様をサポートできる体制を整え、さらに、エクスターナル・マネジャーとして、プライベートバンクとの橋渡し役として、より一層努めていきたいと考えています。

最後になりますが、本書の刊行に尽力いただいた、総合法令出版の大西鉄弥さん、ライターの小林義崇さんに感謝を申し上げます。

プライベートバンクを利用する日本の資産家が増えれば、危機に瀕する日本経済の復活につながると信じています。

本書をきっかけにして、少しでも多くの方が資産承継、事業承継に向けた道筋を見出していただければ、これに勝る喜びはありません。

２０２０年９月吉日

株式会社Ｔ＆ＴＦＰコンサルティング
髙島一夫、髙島宏修

髙島 一夫（たかしま・かずお）

株式会社 T&T FP コンサルティング代表取締役社長　CFP
早稲田大学卒業後、大和証券に入社。ロンドン大学留学後、大和スイス SA にて、日本株・債券の投資アドバイザーとして8年間勤務。その後、外資系証券会社数社に機関投資家マーケティング部門の責任者として勤務。1990年からスイスの大手プライベートバンクであるピクテ（ジャパン）の取締役 として5年間勤務。1996年に独立して、主に個人富裕層を対象に資産運用のコンサルティング業務を開始。主な著書に『資金3000万円からできるスイス・プライベートバンク活用術』（同友館）、『世界の富豪に学ぶ資産防衛術』（G.B.）などがある。

髙島 宏修（たかしま・ひろのぶ）

株式会社 T&T FP コンサルティング取締役　CFP
1985年生まれ。日本大学経済学部経済学科卒業後、豪ボンド大学大学院でビジネススクール BBT グローバルリーダーシップ MBA（経営学修士）取得。経営コンサルティング、資産運用会社で実務経験を積み、株式会社 T&T FP コンサルティングのコンサルタントとして従事。2014 年に CFP を取得し、取締役となる。現在、個人向けの資産運用相談業務を担うファイナンシャルアドバイザーとして活躍している。

【お問い合わせ先】
株式会社 T&T FP コンサルティング
〒102-0084 東京都千代田区二番町 1-2 番町ハイム 1012
TEL 03-5213-4385　FAX 03-5213-4386　URL http://www.ttfp-consulting.com

立石 守（たていし・まもる）

みらいウェルス株式会社　代表取締役　税理士
専門学校講師、税理士法人を経てみらいコンサルティンググループへ入社。事業承継・組織再編を中心に、法人ソリューション業務としてタックスプランニング・人事労務を含めたチームコンサルティング案件に多数関与。長年の経営支援の経験から、将来の資産形成・活用の重要性を痛感し、資産形成サービスを展開している。これまで以上に幅広いサポートを行うため、みらいウェルス株式会社を設立した。

今吉 貴子（いまよし・たかこ）

みらいウェルス株式会社　税理士
2002年に税理士試験合格後、個人税理士事務所・大手テーマパーク運営会社にて会計・税務業務に従事し、その後、みらいコンサルティンググループに入社。中小企業から大企業まで幅広く法人税務に関与し、中堅企業を対象とした組織再編や、事業承継に纏わる資産税など多数の案件に関与している。

【お問い合わせ先】
みらいウェルス株式会社
〒104-0031 東京都中央区京橋 2-2-1 京橋エドグラン 19階
TEL 03-6281-9810（代）　FAX 03-5255-9811　URL　https://www.miraic.jp/

視覚障害その他の理由で活字のままでこの本を利用出来ない人のために、営利を目的とする場合を除き「録音図書」「点字図書」「拡大図書」等の製作をすることを認めます。その際は著作権者、または、出版社までご連絡ください。

富裕層がおこなっている資産防衛と事業承継
次世代に資産をつなげたい富裕層のためのスイス・プライベートバンク

2020年 9 月20日　初版発行

著　者　髙島一夫、髙島宏修、立石守、今吉貴子
発行者　野村直克
発行所　総合法令出版株式会社
〒103-0001 東京都中央区日本橋小伝馬町 15-18
ユニゾ小伝馬町ビル 9 階
電話　03-5623-5121
印刷・製本　中央精版印刷株式会社

落丁・乱丁本はお取替えいたします。

ISBN 978-4-86280-764-9
総合法令出版ホームページ　http://www.horei.com/